反常识经济学/3

为什么常识会撒谎

The Big Questions

Tackling the Problems of Philosophy with Ideas from Mathematics, Economics, and Physics

Steven Landsburg

[美] 史蒂夫 · 兰兹伯格 著

李瑞芳 译

中信出版集团 · 北京

图书在版编目（CIP）数据

反常识经济学.3，为什么常识会撒谎/（美）史蒂夫·兰兹伯格著；李瑞芳译. -- 北京：中信出版社，2018.7

书名原文：The Big Questions

ISBN 978-7-5086-8911-1

I. ①反… II. ①史… ②李… III. ①经济学–通俗读物 IV. ①F0-49

中国版本图书馆CIP数据核字（2018）第089050号

反常识经济学.3，为什么常识会撒谎

著　　者：[美]史蒂夫·兰兹伯格
译　　者：李瑞芳
出版发行：中信出版集团股份有限公司
（北京市朝阳区惠新东街甲4号富盛大厦2座　邮编　100029）
承 印 者：北京诚信伟业印刷有限公司

开　　本：880mm×1230mm　1/32　　印　　张：10　　字　　数：200千字
版　　次：2018年7月第1版　　印　　次：2018年7月第1次印刷
京权图字：01-2018-2589　　广告经营许可证：京朝工商广字第8087号
书　　号：ISBN 978-7-5086-8911-1
定　　价：58.00元

The Big Questions

目　录

第二部分 信念

第三部分 知识

旅程的开端

我非常喜欢人们向我讲述他们的童年时光，但是他们得说快点儿，要不然我就耐不住向他们讲我的童年了。

——狄兰·托马斯（Dylan Thomas）

入幼儿园的第一天，罗森伯格太太就跟我们交代了一天的日程安排：午休时间、游戏时间和点心时间，并且每天下午两点，要集体“穿过大厅”。

她并没有说我们要到哪里，也没有解释为什么，我也不记得我对此产生过好奇。事实上，不会对事物产生好奇这一点在我的整个小学时代一直困扰着我：六年级的时候，我已经掌握了关于纺织业一切能够了解到的知识，而我却从来没问过纺织到底是什么，而且也从来没有想过纺织必须得是点什么。如果有人非得让我猜的话，我很有可能会说纺织就是一种类似油毡的东西，但我还从来没有猜到这个地步，或者想都没想过还有什么东西需要猜想。

反正一到下午两点，我们就会绕着教室外面排好队跟着罗森伯格太太穿过大厅。一开始我还高高兴兴地让自己跟上大家的步伐，直到我们转了个弯，我见到了我在这个地球上生活的五年中最不祥的东西：墙上的一个标志——这个标志很闪亮，你绝对不会怀疑它的重要性——上面有一排字：安全出口（FIRE EXIT），还有一个大大的红色箭头指向我们正在走的那个方向。

那会儿我还完全不知道“出口”（EXIT）是什么意思，但是我确定知道火（FIRE）是什么，要想让我跟着罗森伯格太太或者任何人再往前走，门儿都没有。我掉头回了教室，坐在教室里安静地等待大批焚烧人体消息的到来。

我不认为我曾向他人提出过警告。大概我那时候觉得他们来幼儿园之前没有学会认字是他们自己的错。或许我那时候想最好还是不要引起他人对我的注意，以免那股控制住罗森伯格太太的力量会来找我，把我也扔到大火里。我不记得当时我有多焦虑不安。我只是平静地坐在教室里，即便他们都安全返回时，我也不认为我当时感到特别惊诧或好奇，我并不好奇他们是如何躲过了这场灾难。

从那一天起，两点钟，其他人照旧排队穿过大厅，而我则安静地坐在课桌旁等待。罗森伯格太太对此从来没说过什么。她和班上的其他同学照例穿过那个大厅，一会又回到教室。我一直坚信迟早有一天他们会被烧成灰烬。从那时起，我确实开始好奇他们都去了哪里。

这是我在幼儿园的大谜团之一。第二个大谜团是：每天下午两点半左右，罗森伯格太太就会派一个同学带我去上厕所。我怎么也想不明白为什么我会被单独挑出来带着上厕所；可以肯定的是，班上的其他孩子都和我一样家境贫寒。也许他们都是金属制造的机器人，这样就能解释为什么他们能穿过火海还能活着回来。

有一天，罗森伯格太太走过来问我：“为什么你从来都不跟我们一起穿过那个大厅呢？”如果跟她说是因为我害怕火，我会觉得非常难为情，于是我就说“只是不喜欢而已”。就像其他伟大的幼儿园老师惯常的做法那样，她用饱含温柔和坚定的语气跟我说：“那么，以后你必须得去。”然后我回答：“好的。”

那晚我并没有翻来覆去睡不着，我没有感到惊慌，也没有计划逃跑。带着一种禅意的宁静，我接受了这一事实，我将和班上的同学一起穿过那个大厅，然后彼此就再也杳无音信；其他人已经成功地来来回回走了十几遭这件事从来没有进入到我的意识，不能作为相关的数据说明什么。明天我们将一同穿过那个大厅，然后我们再也不会回来。我准备顺其自然了。

但是第二天快到下午两点的时候，我内心的平静开始消散。我得提起勇气站进队列里，因为罗森伯格太太说了我必须得这样做，所以我就这么做了。

我们穿过了大厅，走过了那个清晰的标志，它直指我们的死亡之路。但是——你应该预料到了——旅程结束时，并没有出现大火。那里有个卫生间！

就是在那个卫生间里，我得到了一生中最为惊人的知识上的启发。这是两个完全不同的谜团：同学们每天排队去的是哪里？还有为什么是我，而且只有我每天被护送去上厕所？最后证明两个谜团有着恰好一模一样的答案。就在那一刻，我了解到整个世界是一个复杂交织的地方，每一个事物都会触动其他事物，复杂中透露着美丽，我还知道了真正的了解得靠亲眼看见万物是怎么整合为一体的才行。

当我跟罗森伯格太太说“我只是不喜欢”穿过那个大厅时，我相信她感觉到了我的尴尬，而且我还相信她以为让我不好意思的是卫生间本身。可怜的罗森伯格太太不会像我一样，她绝对了解不到真理。

那天之后，我再也不为那个出口标志担忧了。生命太过丰富精彩，我们没有时间浪费在这些微不足道的琐事上面，比如为什么有人把这个误导人的标志贴到墙上，或者纺织是什么。在我五岁的时候，我就已经知道什么是最重要的。

虽然我下定决心要把注意力放在整体上面，着眼大局，但十岁的时候我就非常肯定将会投身于哲学研究。对我来说，其他道路仿佛都是险境丛生。是的，你可以选择去建造桥梁、写诗或治疗癌症救死扶伤，但是如果不把生命浸润在哲学的海洋中，你又怎么能够知道哪些桥梁、诗作或者医学突破是一件值得做的事情呢？

几年后，有两个令我惊诧的发现使我偏离了既定的生涯：其一，所有的道路其实都是险境丛生，充满风险。要是你把一生都投入到哲学研究，而在九十二岁高龄时突然发现你本应该去上医学院怎么办？其二，为什么要穷尽五十多年深入研究，就为了看看某个癌症疗法是否可行？

受着这两个发现的影响，我之前立下的志向受到了不小的冲撞，之后我混沌了几年，直到有一天，大概是十几岁的时候，我无意中发现了一本小书，名字叫作《狭义相对论中的时空》(*Space and Time in Special Relativity*)，作者是康奈尔大学的大卫·默民教授（N. David Mermin），然后我发现我有可能进行思考。我指的是真正的思考。默民教授的阐述非常清晰，而且行文出彩，正是他向我展示了如何以一两个简单清晰的假设开始，然后梳理出它们对应的逻辑结论，进而建立起关于时空本质的看法，这些看法往往都非常壮观，出人意料。物理学专业的大一新生上课都会用到这本教材，但是对于一个准大学生来说，这些内容还是相当令我惊奇的。

许多年后，我开始思考人口问题，更确切地说是思考“对整个世界来说，拥有‘适量数目’的人口意味着什么？”，例如，“居住着十亿非常幸福的人的世界”和“承载着一百亿不那么幸福的人类的世界”哪一个更好，我们是否应该力求幸福总数的最大化（暂且不论这个幸福意味着什么），或者幸福平均值最大化，又或者某个别的值的最大化。

我先找了几个简单清晰的假设作为开端，这几个假设我猜想每个人应该都没有异议，然后我梳理出它们的逻辑结论。尽管这个问题我只解决了一小部分，但是我特别高兴，因为我发现我推理出的那套方程式恰好和默民教授在他另一篇有关相对论的论文中推导出的方程式一模一样。也就是说，我和他研究的问题在结构上存在惊人的相似性。我把我的论文复印了一份给默民教授送去，还附上了一封说明信，感谢他一直以来给我的启发，直到现在我还珍藏着他那封亲切的回复。

尽管默民教授的书对我的思想冲击很大，我还从来没有想到过去研究物理学；我一直怀疑，我不是那种能在实验室的精密仪器前坐得住的人。因此我上了大学，在几个专业（英语、历史、政治学）间来回踌躇，直到有一天，一个在数学方面极有天赋的朋友鲍勃·海曼（Bob Hyman）来找我，他说无穷集有无限种形式，规模各有不同，有一些比另一些要大得多。这话听起来特别奇怪也特别有趣，于是我还得去了解好多相关知识。在鲍勃的推荐下，我修了一门集合论的课，并因此爱上了数学。

我热爱数学和热爱那本相对论的书的理由是一样的——结构优美，逻辑清晰，包含的真理深奥而又无可争议。从那时候起，我修了好多数学课程，以至于最后疏忽了大学对于课程分布的要求，最后没能拿到学位。

所幸的是，当我认清我不可能拿到大学毕业证书时，我已经被芝加哥大学的研究生院录取；同样幸运的是，在芝加哥大学没有人曾问起我是否真的读完了大学。

在芝加哥大学学习数学期间，我偶然结识了一帮活力满满的经济学专业的学生，他们邀请我加入他们每日的午餐自由知识竞赛。这不免让人想起了阿尔冈昆圆桌午餐会，不仅有智慧的火花，还有令人醍醐灌顶的观点。我了解到，经济学家也是一样的，他们也会从简单的假设开始，然后通过逻辑手段步步推进，最后得到出人意料的结论。我也想要学一下这些手段，这些朋友就很有耐心地教我，他们都是很好的老师。

令我又高兴又吃惊的是，那些一起午餐的同伴不仅精力充沛，大脑聪明，风趣幽默，而且都对真理有一股强烈的热情，所有这些特点和我刚来到研究生院时产生的感觉一模一样。这30年来，我一直把这些同伴看作我幸福生活中最大的福分。

后来我继续从事数学和经济学的研究和教学工作，偶尔也会涉猎一点点物理学，即便如此，我从来没有忽略过对于那些大的哲学问题的痴迷：宇宙从何而来？世上为何存在万物而不是空无一物？知识如何能被人类触及？用什么可以来证明人的信念？我们如何辨别是非和善恶？我们应该怎样生活？

关于这些问题，哲学家有一套很有用的思维方法，但是即便不是哲学家，人们也自有办法。物理学家也能知道一些关于宇宙起源的东西；数学家能够了解到一些现实中运行着的模式；经济学家能够知晓我们的选择如何会对他人的生活产生影响，这和辨别是非并没有什么不同。我已经逐渐认识到这些学科为研究那些哲学问题提供了最好的工具。

当一个拿着锤子的人跟你说所有的东西看起来都像钉子的时候，你应该怀疑他的客观性。当一个对数学和经济学都有涉猎的人跟你说哲学问题可以通过数学和经济学的知识来解决时，你就可以和他做出一模一样的反应。但是在这件事情上，我认为因果关系应该反过来：我被数学和经济学吸引到是因为它们可以阐明那些大问题。我看到了钉子，然后再去寻找合适的锤子。

在这本书中，我将会和大家分享下我关于现实本质的看法，知识的基础以及伦理学的根基。我不敢说我所有的看法都是对的，但是我会一一解释下为什么我认为它们是合理的——或者为什么它们比其他看法更有可能是对的。（尽管最后我有可能会被其他新的观点说服。）

在讲述这些话题的过程中，我也会岔开去阐述一点点科学、数学以及经济学的东西——有时候是为了说明一个问题，有时候仅仅是因为好玩。因此我们将会学习到一点关于大数字的知识、色觉的运行机制、海森堡不确定性原理的真正含义、犹太教法典《塔木德》中对破产财产如何分割的指示等其他很多内容。

如同我们对儿时光景的记忆那样，我对哲学的漫谈也是没个头尾，没有顺序。有时候岔开话题后会再回到主题，有时候我会继续去讲点新的东西。

独到的见解乃为世间罕见之物，而我的书中也委实不多。书中提到的那些思想，其他人已早有涉猎，或许还有驳斥，但是我希望我的讲述方式能够激起你的兴趣，对你形成一定的挑战，如此我们在这本书中就能得到极大享受。

The Big Questions

第一部分

现实与非现实

美国经济学家约翰·加尔布雷斯（John Kenneth Galbraith）曾这样讲述他和妻子在婚姻中的劳动分工：妻子负责搞定小事情，他负责处理大事件。于是乎，加尔布雷斯夫人就有权决定他们住哪里以及生育几个孩子，而加尔布雷斯先生本人则需要考虑如何制定外交政策和调整税法。

这本书中要讨论的问题比这些更为重大，而第一部分要关注的就是所有问题中最重大的：世间存在着什么，为何存在？是什么造就了我们？又是什么造就了我们的思想？宇宙是由什么组成的？我们应该怎样看待上帝，怎样考虑万物存在的终极原因？

沿着这条主干道，我们也会顺便探讨一下数学基础、人工智能的前景、经济模型的目标和本质，以及生命的起源。

一　论万物

上帝用数学谱写了宇宙。

——伽利略·伽利莱（Galileo Galilei）

世间有万物，为何不是空无一物？宇宙为何会存在？它又为何不是空洞可鉴？世间的星辰从何而来？绵绵的山脉源头何方？还有那百足蜈蚣和美丽的彩虹，它们又出自哪里？所有的这一切都来自哪里？

很多年来，这些问题一直萦绕在我脑中，它们令我着迷，但又无从破解。我甚至无法想象答案可能会是什么样子。为此我苦恼不已，但似乎又无计可施。

很有可能上述问题都没有答案。也许这些问题是有误导性的，会把你带偏。就比如你会问“为什么我的电脑如此恨我？”而其实你的电脑并不恨你，只是你在使用时它给你那样的感觉罢了。就在光标指针不动弹时，大脑的某一部分会指使你找碴儿，觉得电脑心怀恶意。也许我的大脑里也存在这么一个部分，使我被误导，一门心思想要寻根问底。也许宇宙一直就在，仅此而已。

不过，我觉得一般来说比较好的态度就是假定万物皆有因。事物往往都有根源，就算没有，与不去探寻业已存在的因比起来，倾心探究那些不存在的因，能使你学到更多。除此之外，我似乎无法停下搜寻的脚步。

如此，冒着犯大错误的风险，我斗胆假设宇宙的存在绝不是偶然。其存在必有某个缘由。如果这个缘由足够使人信服，它应该能够向人们揭示宇宙为何确有存在，而且还得说明宇宙为何必须存在。

那么，一个比较好的起点就是，我们先来扪心自问，我们是否知道有什么东西确实存在，而且是必然存在。更别说拿整个宇宙来拷问我们。我觉得我有个清晰的答案，那就是数字的存在是必然的。运算法则的存在也是必然的。在任何可能的宇宙内，二加二都等于四。即便宇宙不存在，二加二也是等于四。

运算法则不可改变，而且永恒存在，我要说的并不仅限于此；我想要说的比这更多。永恒是相对于时间而言的，数学却存在于时间之外。即使时间不复存在，数学仍然屹立不倒。

为何我会这样说？也许仅仅又是一次大脑偏离正道吧。你也许会争辩说数字不过是人类的一个发明罢了，运算法则是根据经验总结出来的规律，并不是必然的真理。比如你放两块石头在桌子上，然后再往上面放两块，现在你发现桌子上有四块石头，同样的事情一再出现，你就会总结道“二加二等于四”，仅此而已。我相当确信这样一定不对。有人觉得“二加二等于四”这个事实并不是关于石头或其他物质实体，而是事关数字的一个真理，并且这个真理在产生会数数的人类之前很久就存在着，我的立场也是如此。

美国哲学家保罗·贝纳塞拉夫（Paul Benacerraf）就曾提议做一个关于人类思维的实验，这个实验可以清楚地把这两种观点区分开来。假设你在厨房的桌上放了两块石头，然后又添了两块，你数了数，却发现总共有五块。过去你这样做的时候总是四块，但这次很奇怪，共有五块。

你脑子里首先蹦出来的想法很有可能是自己数错了，或者你没有留意到开始之前桌子上已经有一块了。但是一整天下来，同样的事情一再发生。两位好友和你一起共进午餐，然后又有两人加入，不知怎的，最后你却有五个同伴了。你从地下室上来爬了两层楼，之后又爬了两层，不知道怎么了，你却身在了五楼。

最后，你不得不得出结论：一些事情彻底地改变了。但是呢，你可能会说是数学变了——过去二加二等于四，但是现在等于五了。又或者你可能会说是物理变了——数学上还是如惯例那样，二加二等于四，但物质世界却好似不一致了。

从很多方面来说，你选用何种描述方法并不要紧。无论你搬出哪个例子，你想说的不过是旧的数学法则已经不再适用于描述物理现实了。而你所选的描述方法在很大程度上揭示了你的本能倾向。假使你把数学看作人类的一个发明，是用来解释这个世界的，那么你就会轻轻松松地说出这样的话，“好了，现在是时候把那套旧的数学扔掉，创造出新的数学方法”，而且你会觉得，如果我们弃之不用，这套旧的数学就会年久失修，不复存在。

假如你也像我一样，视数学法则为必须存在的真理，那么你看事情就会大有不同。这时候你想摒弃的将不再是那套旧数学，而是旧的物理学。按照旧的物理学，当你把两部分物体放在一起，通过相加就能预测总数。而新的物理学会让你知道，除了相加，你还得用些更为复杂的方法。但是在这里，加法本身并没有变。

于是，我相信算法不会变，而且必然存在。数字存在因其存在性是必然的。诚然，存在这个词我用的有些模糊。很明显，比如说当我们提到餐桌存在时，这个存在就和数字的存在不完全是一个意思；一方面来讲，餐桌是由原子组成的，而数字必然不是。并不是所有存在的事物都是由原子组成的。有一点我深信不疑，那就是我的期盼和梦想确实存在，而它们却并不是由原子构成的。

再比如蓝色，比如相对论，比如关于独角兽的构想，这些都确实存在，但没有一个是由原子组成的。

我深信数学存在就如同我深信自己的期盼和梦想存在一样，因为我能切身体验到。我相信餐桌存在是因为我可以用双手感知到它。我相信数字存在，运算法则存在，鉴于此我也相信欧几里德几何中理想三角形的存在，因为我可以用思想来“感知”到它们。

更好的理由是，我相信数字是因为我知晓其中的一些事实。比如，每一个正整数都可以表达为至多四个平方数的总和。这永远是个颠扑不破的真理，虽然直到1770年才被法国数学家约瑟夫·拉格朗日所证实。在人类出现很久之前，运算法则就是一种不变的真理，因此不能说算术仅仅是人类的一个发明。①

那么，这就是我的第一个论断：数学对象——例如自然数和运算法则——是真实的。②对于这个论断，我无法给你提供一个绝对的证明，就如同我无法向你绝对证明我是一个有思想的人而不是一具僵尸。鉴于此，我甚至不能确定关于这个论断我是否能够

---

①　真理和人类的证明之间的区别就在于著名的哥德尔不完备性定理的核心，在之后的章节中我会做多一点的阐释。如果想更多地了解这个区别，请自行转至第九章和第十章。第十章中提供了一个程式的显式示例，这个例子就是一个不可以被证明的真理。

②　这个论断代表了一种主流观点，可以说是在数学工作者中唯一的一个主流观点。关于这一点的更多信息请参考附录部分。

提供一个完全连贯的阐释（尽管我承诺到第九章和第十章会回到这个问题）。尽管如此，我知道这个论断是真的。

你也如此。当你用两种不同的顺序把一列数字相加，得到了两个不同的答案时，你绝不会一脸严肃地认为是数学前后矛盾；相反你会百分百地确定是自己算错了。这是为什么呢？如果说算术只不过是一套随意的规则，它就很有可能会自相矛盾。你之所以确信它不会自相矛盾，是因为实际上你确定这些运算规则与某事物有关。这里的“某事物”就是自然数（比如用来计数的 0、1、2 等等）。你和我都确信自然数是真实存在的。它们的存在不仅真实而且必要。鉴于其本身的性质，它们不可能不存在。

同样地，对于复杂程度不一的数学结构也是如此。一个点就是一个数学结构，尽管对于点没有太多可以论述的东西。欧几里德几何——就是你在高中学到的几何，如线、角和圆——是更为复杂的结构。[①] 自然数连同其运算法则就构成了深刻且复杂的数学结构。人类基因组连同其A、C、G、T四种碱基组合结构就完全

① 欧几里德几何提供了一个很好的例子表明数学可以独立存在，不依附于任何物理表现。我们所生活的宇宙并不能通过欧几里德几何得到精确的描述。欧几里德三角形的三个角加起来正好等于 180 度。但是如果用三段钢梁铸成一个三角形，那么它的三个角加起来永远不会恰好等于 180 度。部分原因是空间本身是有一点点弧度的，因此用欧几里德几何定理来描述物理世界就会有一点点偏差。还有部分原因是，没有哪一根钢梁会像欧几里德三角形的边那么细，那么直。欧几里德三角形存在，但是它的存在超越了单一的物理现象。

可以用算术的语言来描述，从这个层面来说，算术至少和人类生命一样复杂，于是乎其复杂程度也堪比你的大脑和意识模式。

在我的信念中，世间万物——你，你的意识，以及我们共同居住着的广阔宇宙——都作为一种数学结构存在着。

各种各样的模式都是数学结构，人的意识即是一种模式——你脑中的神经运动模式——这个观点成为通向人工智能的理论支柱，有时候也被称为“强智能”或者“机能主义”。你的大脑蕴含了上百亿个神经细胞，它们之间相互传递信号。依靠着最新近接收到的信息团，沿线的神经元细胞可能会或者不会向其他神经细胞继续传递这个信息。按照机能主义者的观点来看，这就是一种运动模式，正是这种模式使人产生了意识。假使你要建造一个人工大脑，里面填充由硅、金属片和级联弹珠组成的神经元细胞，如果这些神经元细胞也能像人的大脑的神经运动模式那样相互传递信息，那么你建造的这个大脑也会和你一样产生意识。

丹尼尔·丹尼特（Daniel Dennett）在他的巨著《意识的解释》（*Consciousness Explained*）中就设想了一种品酒机器。沿着漏斗把样酒倒入，系统就会做出反应：“这是一种口感丰富醇和的皮诺酒，美中不足的是缺乏后劲。”丹尼特对机能主义者的哲学观总结如下：如果你能够复制人类品酒师的认知系统（包括他的记忆、目的及他固有的喜恶等等）这一整个“功能结构”，你也就复制了所有的心理属性，包括我们很多人都喜欢的细品红酒带来的那种享受和愉悦感。

也许这一点会令人难以置信，像愉悦感这样缥缈微妙的东西怎么就能仅仅通过这一发射运动模式产生。不过我从丹尼特那里学到的一件事情就是当这个世界充斥着偏见，才会造就仅仅这个字眼。至于那上百亿个神经细胞网络有多么复杂，你我就算想窥见一斑都完全不可能。因此，当我们试着去想象它们是如何运作时，我们脑海中浮现出来的一幅景象是几十个神经细胞以复杂的方式相互作用，而这种想法会让我们严重地偏离正道。因为这种设想不能够阐明其结构的复杂程度，也说明不了这个系统衍生出来的复杂是哪种类型，在这个系统中包含了上万亿潜在的关联，并蕴含了各种能够对神经细胞间的运动做出反应和修正的系统和子系统。

强智能人群的观点认为，就是这样一种模式——操控你大脑的软件（与硬件相对，硬件即神经细胞），就是在这些神经细胞上运行的——能够解释人类意识的产生。神经元通过化学信号或电信号上下传达，不过那都是些无关的细节。假如你用装满弹珠的电子管来替代神经元，通过空气挤压弹珠传递信息，由此产生意识的体验是一样的。关于这一点，丹尼特和其他强智能人员，比如道格拉斯·霍夫斯塔特（Douglas Hofstadter）都进行了翔实论述，细致入微、引人入胜。你可以把他们的书全部找来读一读。

你若这样做了，就会读到霍夫斯塔特的一篇文章，叫作“与爱因斯坦大脑的对话”，在这篇文章中，他设想了一本书，大约有上百亿页——每个神经细胞占一页，记录爱因斯坦临终前脑中的神经细胞活动。每一页上都是一串数字，记录这个神经细胞能够向哪个神经细胞发送信号，接收哪个信号会导致哪个信号的发送等诸如此类的问题。书中还包含了一套规则，用来规定接收和发射信号时数字的变化（这些都是用来模拟大脑是如何储存记忆的，比如在何种情境下哪个神经细胞就会发射信号，对应的规则就会做出哪些变化）。书中还有个前言，详细准确地描述了对于任何听觉和视觉刺激，爱因斯坦脑中对应的神经传递模式。

现在你就可以和爱因斯坦展开对话了。比方说，你讲“您好，爱因斯坦教授；您今天感觉怎么样？”你的声音会以一串音符的形式记录下来。然后：

我们先把第一个音符拿出来……然后参考前言的内容，看下它会导致哪些神经细胞发射信息，如何发射信息。换句话来说，我们就可以借此精确地看到每一页上的每一个数字是如何变化的。然后我们需要费心费力一页一页地把整本书翻完，事实上，是我们引发了这些变化。你可能会称作“第一回合”……一个细胞接一个，我们就把整本书过了一遍。不过，你明白只有部分神经细胞在发射信号，所以这个事实我们需要考虑进来。这就意味着，我们需要跳到那些接收到信号的页面，进而在那些“随结构变化的数字”的指引下调整“那些”页码。这是第二个回合。然后那些神经细胞反过来又会把我们带到其他页面，瞧瞧吧，咱们绕着大脑开启了快乐的循环旅程。

也许每一页上我们要研究的神经细胞发射信号有其指定时间——这里说的是在真实情况中，在爱因斯坦的大脑中细胞发送信号所用的时间——经过最精确的测量，这个时间大概有千分一秒。随着几个回合的进行，我们把所有信号发送的时间累加起来，当这些时间段积够第一个音符的长度时，我们就可以开始第二个音符了……

最终，某些“言语神经细胞”就会开始发射信号了……

然后我们再参照表格看看言语神经细胞发射信号时会对嘴巴形状和声带张力产生什么样的影响，由此我们来推测爱因斯坦在“说”什么。

这个过程实践起来大概要花成百上千年的时间，但从原则上来讲，假使我们真有机会和爱因斯坦本人交谈的话，我们得到的回应和实验得到的反应该是一模一样的，这点我们没有理由怀疑。毕竟，爱因斯坦会作何反应完全是由其嘴部活动和声带震动控制，而这两者又完全是凭言语神经细胞发射来的信号行事，然而言语神经细胞又完全受控于其他神经细胞发射来的信号，一路下来，最终回归到发问者的音符初始触发的那些发射的信号。

更好的是——我们不需要劳神费力地遵从霍夫斯塔特的建议去做手动查询——想象一下雇用一个恶魔家族来为你效劳，他们可以用近乎光的速度飞快地进行查询。现在你可以和爱因斯坦教授进行实时对话了。

整个系统可以对每一个刺激、每个问题和声音，以及每个眼神做出回应，就像爱因斯坦本人所要做的那样分毫不差。那么，霍夫斯塔特接着提出了疑问，系统也和爱因斯坦一样能够体验到意识，这一点我们要怀疑吗？[①]

换句话来说，你的思想就是软件，而你的大脑仅仅是一部硬件。在截然不同的硬件上运行同一部软件，那么你就还是你。

也许不是。美国哲学家约翰·塞尔（John Searle）认为人的思想从根本上来讲是一个生物过程，是血与肉的产物。他提出警示不要去模拟这个过程，这只会令人更加不解。比如，你可以编写一个电脑程序来模拟你胃中的每一个细胞以及它们之间的互动，但是它自己不会消化食物。那么，为何一个电脑程序——甚至说一个能够模拟你大脑所有神经细胞和它们之间互动的程序——就

① 我已经向大家讲述了霍夫斯塔特书中的这个故事，但是我深信真实情境中所发生的事情要远比这复杂多了。真实的爱因斯坦教授本人在做出回答时，除了参照我们的问题之外，还会受到一系列因素的影响，比如当时房间的温度、眼角瞥到的一位美女，还有身体各个部位的状况，比如鼻窦和膀胱。虽然，从原则上来讲，我们也可以模拟所有这些因素。

会像人一样能够思考呢？

如果塞尔的观点没错的话，那么人的意识就不仅仅只是神经细胞发射信号的一种模式。但它仍可以是另一个更深层面的模式——比如大脑中原子之间互动的模式，而不是神经细胞。若人的意识不是“某个”层面的模式，我不确定它还能是别的什么。

那么，意识显然就是一部软件，而整个宇宙则是一部硬件。所有的硬件又来自哪里？同样地，我怀疑这些硬件也是由纯粹数学组成的。我之所以产生这样的想法，是受了物理学家弗兰克·蒂普勒（Frank Tipler）在他著作中一系列附注的引导。这本书名为《不朽的物理学》（*The Physics of Immortality*），内容独具创新，极其挑战人的大脑。他的附注如下：假使软件足够精细复杂，不管在何种硬件上运行都可以，都能产生意识的话，那么这个硬件就应该是可有可无的了。一旦认定了硬件无足轻重，那么一开始还要它做什么？那复杂精细的软件就是一个纯粹的数学对象，因此，数学在，组成你思想的软件就在——独立于它所运行的硬件。与此同时，这个足够精细复杂的软件，因其存在，就足以产生意识。

我作为经济学教授的部分工作职责就是记录下简单经济（换言之，即虚拟经济）的数学描述（我们且称之为“模式”），然后估算出这些经济体内的居民对于一些变化将会做何反应，打个比方讲，比如说税收政策的转变。[①]我的一些同事们喜欢把这些模式编入电脑程序，这样他们就能真实地“观察”模型人群应对不同政策实验所做出的反应。

现在，让我们来假设一种情况，假使我建立的那些模式精细和复杂到不可估量的程度：我不会给这个模拟世界里的每一个居民分配一个个不同的数学符号，而是给这些居民脑中的神经细胞分配一个个独立的符号，然后我会小心翼翼地观察所有神经细胞之间的一切互动。那么，按照强智能的观点，如果我的同事们把这个模式放到电脑上去实施，这个模式里面的居民就能体验到真实的意识。[②]不仅如此，他们体验到的这个模拟世界就如同物理现实一样。那是因为这个无比精细的模式里不仅有对主体神经细胞的描述，它对物理环境以及主体和环境之间的互动的描述也同样精细。

事实上，我相信即便我的同事们不在电脑上模拟这个模式，模拟世界中的居民仍然可以体验到真实的意识，也能把模拟世界体验为物理现实。这是一个飞跃，不过对我来讲算不上太大；如果一个模式在任何一台电脑上都能生成意识，那么电脑本身就不可能成为这一环节的重要组成部分。如此一来，为什么这个模式

① 以防此处表述略显模糊，我会在下一章给出一个此种模式的例子。

② 我可以肯定地说，一定会有人工智能研究者站出来反对这个结论，觉得它荒诞滑稽，但是我也非常肯定的是，对于他们中的多数人深信不疑的东西，这个结论也捕捉到了其精神内涵。

不应该彻底脱离电脑而生成意识？（不过换句话说，我认识的每一个人都觉得这个飞跃比我想象的要大得多。）

但是呢，我所能写下来的任何模式——以数学结构的形式——在我能构想出它们之前很久就存在着。因此，我模拟世界里的那些人在某个地方已经存在着，他们生活在他们唯一的现实世界中。于是，我们能够想象得到，我们即他们。①

换句话来说，宇宙本身就是一个数学模式，其中蕴含了你我的意识，它们都是其次级模式。宇宙之所以存在是因为它能够如此；一个合乎逻辑的宇宙就是一个数学对象，而数学对象必然存在。而大部分的数学对象相当平淡无奇。一个点即一个数学对象，但它该是你能想象出来的最无聊的数学对象了。它其实是一种比较少见的模式，本身蕴含了可以产生意识的次级模式。弗兰克·蒂普勒提出了一个令人惊奇的建议，那就是我们可以把这种次级模式作为物理存在（与之对应的是纯粹的数学意义上的存在）

---

① 一方面，模拟中的居民彼此间存在重要的差别，另一方面，他们还是和你我不同：一个经济模式可以在电脑上模拟，还可以随着时间不断延伸。相比之下，宇宙却不会随着时间延展，因为时间是宇宙的一部分。就如同宇宙不可能只凝固在阿拉斯加一样，它也不会随着时间延展。

在电脑上运行的程序可以说是两样东西：它既是一套指挥电脑运行的指令，同时它本身又是一个抽象的模式。如果我没弄错的话——宇宙——可以类比为这个抽象的模式，而不是那一套指令。时间和空间，连同我们对它们的认知都是这个模式中的板块。这个模式本身不会延展，它一直如此。

的定义。换言之：

当其中的居民知道它存在时，从物理意义上来讲，这个宇宙就存在。

因此，我深信你的餐桌，你的那些色情收藏品，以及你的岳母，全部都是数学对象——是一个更为庞大的数学对象，即宇宙的子对象。当我们把一个数学对象看作物理存在进行观察时，有发现任何奇怪的地方吗？我敢断言，这就好比我们看到一个物件，感知到它是绿色的一样不足为奇。颜色不是一种物理属性，它其实是你的神经系统施加于物体的一种属性。[①]如若你的大脑可以把颜色感知为现实存在，为何它不能感知物理性？

上述中的任何一点并不是用来否认这样一个事实，即我们所寄居的宇宙是由量子力学定律、优胜劣汰自然选择定律和其他的正统科学主宰运行。上述所有的这些——再加上我们去探知这些定律和科学所使用的的方法手段——都是这个数学结构即宇宙的一部分。

这里所谈论到的一切与激进无关，因为任何一种现代宇宙学理论的架构都建立在这样的假定之上，即宇宙就是一个数学对象——通常来讲是一个几何对象，诸如地心引力和电流这些最基

① 更多内容请参考第五章。

本的力量就组成了这个几何体的各个面。举例来讲，地心引力呈圆弧状：苹果之所以从树上落下是因为它们想要在一个曲面空间里走最笔直的路线。除了把宇宙描述成一个数学对象，也没人能知道还有其他什么方法来描述它。我的建议就是我们应该听听那些物理学家们的理论所要告诉我们的。

许多宇宙学模型都是先假定我们所生存的宇宙是另一个更为宏大结构的一部分，这个更大的结构我们称之为多元宇宙，它包含了许多和我们相似的宇宙，只是每个宇宙的历史在细节上有所不同。在某些宇宙中，阿尔·戈尔（美国政治家，曾于1993—2001年担任美国副总统）在2000年当选为美国总统，而在另一些宇宙中，他到2008年才入主白宫，而且目前担任哈萨克斯坦的国家总统。当我在书中提到“每一个可能的宇宙都存在”时，我要谈论的并不是这个多元宇宙。多元宇宙本身就是一个数学结构，包含了我们所身处的这个宇宙作为其子结构。尽管如此，它也只是众多数学结构中的一个。我坚持认为每一种数学结构都存在着，只不过有些没有物理表现形式罢了。有些数学结构太过于奇异，我们常人无法揣测。有些就是一些不同的宇宙，我们赖以生存的宇宙就是其中之一。还有一些结构的表现形式是多元宇宙。假如说我们现在所寄居的宇宙是一个多元宇宙，那么上述多元宇宙中必有一个就是我们的。

我超爱这个观点，不仅仅是因为它能够向我们解释我们的宇宙来自哪里，还因为它消弭了实际存在和可能存在两者之间的差别。假使一些宇宙只是可能存在，而另一些则实际存在，那么我们如何来区分这些实际存在的宇宙？我所勾勒出来的这个理论则使我们免去了这一苦恼，没有必要再去考虑这些令人费解的问题。任何可能存在的宇宙就必然存在；我们再也没有必要去解释为什么我们的宇宙就被赋予了特权，因为所有的宇宙都是真实存在的。

现在如果有人能够证明只有一个可能存在的宇宙——或者只有一个可能的多元宇宙——换言之，有且只有一种数学结构包含有意识的次一级结构，比如有意识的我们人类，这样的话我就再高兴不过了。于是乎我们不仅能够知晓为何有这么一个宇宙存在，我们还能知道为何我们会住在这个特定的宇宙内。不过对于能不能出现这么令人满意的发现，我不抱太大希望。

我无意再一一赘述那些和我持有类似或相关观点的宇宙学家、物理学家、数学家或哲学们的鸿篇巨制。不过这里我的确想要提及一篇论证极其完备缜密的文章，作者是马克斯·泰马克（Max Tegmark，麻省理工学院的一名宇宙学家），题目叫作“数学化的宇宙”（The Mathematical Universe），近期在一本叫作“物理学基础”的期刊里发表。

泰马克教授的论证大体如下：我们先试想科学的内涵起源于，比如说生物学。生物学包括了两部分：一部分是化学，而另一部分则负责把信息组织起来，分门别类，使人们更容易理解。化学从分子的层面描述人类的心脏和肺部的运行情况。而相形之下，“心”和“肺”之间的分界线则是人类的杜撰；从分子层面来讲，人的身体内部充斥着数以万亿计的粒子，它们之间并没有一道自然的分界线来划分“心脏粒子”和“肺部粒子”。是我们的大脑创造了这么一个东西，来区分肺部和心脏，而生物这门科学又把这一人为创造出来的区分奉若神明，即便从现实层面讲，它并不是一个人体基本特征。（我这里所谈到的心脏和肺部的划分也完全能够等同于我们对哺乳动物和爬行动物、生物和非生物的划分，于此，又或者相当于“你的器官”和“我的器官”这一区分一般。）泰马克教授（并非戏谑地）称这些划分为生物学的“行李箱”。于是乎，生物学就有两部分：化学部分和行李部分。

以此类推，化学部分也有两部分组成：一个是物理部分，另一个是另一层次的行李部分。物理部分提供给我们的是基本粒子，比如质子和电子；化学家们围绕一组组粒子进行界定，给其命名为“摩尔”。他们还会圈定一些特定种类的粒子组进行划分，称之为“金属”或“稀有气体”。这些用来区分的分界线并不是由什么根本性的因素决定的，而是由它们呈现给人类大脑的模式决定的。把所有行李部分抹掉的话，唯一剩下的就是物理部分。

现在，我们来把这个探讨深入一下。以此类推物理部分也包含两重成分：一部分为数学，另一部分则是行李——一部分的表现形式是方程式，而另一部分则用呈现给人类大脑的语言概念来表示（比如“质量”和“速度”）。抹去行李部分，仅仅剩下的就是数学。

现在只有两种可能性：要么万物都是行李部分，这样的话在人类大脑的主观创造物之外就没有任何外在实现；要么就是有一些东西是现实存在的，完全不依赖于我们人类。如果我们排斥否认第一种可能性——换言之，即我们坚持认为一定有些什么是外在的，真实存在的——那么这样的现实存在是由什么构成的呢？它必定不包含行李部分，因为按照定义行李部分只是人类大脑的一个创造物。但若没有行李部分的话，剩下的就只有数学了。因此，数学一定就是宇宙的基本构造。

我钟爱宇宙即数学对象这个理论的另一个原因是它还揭晓了一个答案，一个哲学上最难解的问题：数学对各门自然科学产生的不可言明的推进作用。

关于这个话题，诺贝尔奖得主尤金·维格纳曾写过一篇很有名的文章，他提出了这样一个问题，为何数学这门语言竟能够如此精确地描述这个物理世界（只不过他没能够给出答案）。

对于那些微积分成绩低于B的人来说，二阶微分方程式就仅仅是一个数学结构，没有任何明显的直觉感知内容；而数学家们研究这些方程式的时候却把它们当作一种智力游戏，乐在其中。不过，二阶微分方程式是一门用来描述运动的语言；它们能够描述一切移动的物体，不管是疾驰的飞箭、坠落的苹果或者是沿轨道运行的行星，其简洁度和精准度都令人惊奇。其他的例子不胜枚举。数学家们发明一个概念，是因为他们觉得这个概念既美丽又优雅，一代人之后，物理学家发现他们需要的正是这个概念，可以用来描述一些最基本的规则，即宇宙运行的规则。泛函分析是一门描述量子力学的语言；微分几何用来描述相关性；我自己以前的专业代数K理论也发展成一个研究工具，用来探索在高度抽象的设置下一些纯粹的几何问题，最后发现它在物理学的弦理论中也有应用。

数学能够用来描述整个大宇宙，正如维格纳所强调的那样，这是一个多么非凡的奥秘——同时也是赐予我们的一点多么非同寻常的好运呀。当人类想要去揭开这个奥秘，认识到宇宙是由数学构成的，大概就存在着那么一个线索吧。

人们常常认为只有从简单中才能衍生出复杂来。这一点不可能正确，因为数学就是复杂的，而它并不是由什么衍生而来。这一看法我将在第三章中有更多的阐述。从一开始数学本身就有其内在的复杂性，它本身就包含了人类所能观察到的最为复杂的模式，大到星系演化，小到人脑结构或国家橄榄球联盟的薪金制度。为何要到别处去寻找其根源呢？

二　经济模型的本质和目的

经济学家们通常会弄错复杂的模型，但是对于概念却从来不会弄错……以此类推，机修师明白更换燃油对你车子的发动机有好处，但是他无法告诉你下一年你的车子会出什么毛病。你不应该忽略机修师关于更换燃油的忠告，仅仅是因为他不知道你的电池何时会坏掉。

——史考特·亚当斯（Scott Adams）

我已经迫不及待地想要展开阐述 3 个 R，即算术（arithmetic）、宗教（religion）和现实（reality），但是我要首先来处理上一个章节还未处理完毕的事情：我曾向大家承诺举一个经济模型的例子。

一个模型就是一个关于虚拟世界的故事，它得同时兼具简明性和复杂性。首先它要足够简单，能够让人完全弄明白，其次还要足够复杂，能够教会我们一些关于人世间的道理——就像寓言故事那样，只不过更加引人入胜。如果我跟你说："缓慢但是稳当就会赢得比赛（至少有时候是这样）"，这时候如果你执意不愿相信，我就可以跟你说："那好，让我们来想象下龟兔赛跑的故事……"这是一则寓言，不是模型，因为它并不是完全虚构出来的。若要使之转换成一个模型，我可能就会说："让我们来设想一只兔子，它每小时可以跑20英里，但是每跑五分钟它就要打一个小时的盹儿，还有一只乌龟，它每小时只能跑5英里，但是从不停下来休息。现在让我们来计算一下跑完这个30英里的比赛它们各需要多长时间。"这就是一个模型。

要想让模型易于驾驭，我们得设计得简单些，要想使其简单，我们就不得不使其不切实际。如果你从来没学习过经济学，那么这种明目张胆的不切实际一定会使你抓狂。为了说明问题，这里有一个模型，改编自诺贝尔奖得主小罗伯特·卢卡斯（Robert E. Lucas Jr.）的著作。

每一年，正好有20个人出生，他们每一个人都正好活两年，然后去世。于是任何一年都正好有20位老人（那些一年前出生的人）和20位年轻人（那些刚刚出生的人）。把这些人随机分布在两个城市。城市里有一个政府，他们不定期地给老年人发放补贴，而年轻人则靠种植香蕉谋生，这些香蕉他们既可以自己吃，又可以出售给老年人——来换取金钱，等他们自己老了，这些钱就可以用来买香蕉。

我刚刚是用文字描述了这个模型，但所有这些文字都可以被转换成纯粹的数学。在对人类的喜好做些适当的假设（比如，我爱香蕉，但讨厌工作）之后，你就能计算出在这样一个世界里，那些理性的个体会做出何种举动。你可以确定他们如何讨价还价以及如何最终敲定价格。

卢卡斯教授能够获得诺贝尔奖，很大程度上就是因为这个模型，它为微观经济学领域整整一代人的学术研究设定了航程。为什么经济学家们如此倾心于这么一个很明显与现实彻底背离的模型?

首先，卢卡斯模型确有捕捉到现实的一些重要方面：人们始于年轻，而终于年老；年轻时人们需要工作，他们把钱攒下来以备年老时使用。对于付出多少劳动和攒多少钱，他们要做出决定。同时最重要的一点是，他们需要面对不确定性。在上述特定的模型中，不确定性围绕两个问题展开:“城市里居住了多少人？”“这些人有多少钱？”

不确定性使得人们做出规划变得艰难。假如说你是一个年轻人，你留意到香蕉的价格有所攀升，那么你可能会做出两种反应，而这两种做法中的任何一种都极其合情合理，同时又非常艰难：

- 也许我非常幸运地降临在一个年轻人极少的城市，于是香蕉相当紧俏。这正是我赚钱的大好机会。我想我会拼命地工作。
- 也许政府刚好向老年人发放了相当丰厚的补助。这些老年人觉得手头很宽裕，于是他们疯狂地购买香蕉。但是他们用于消费的这笔钱因为通货膨胀已经贬值，而且有可能会保持贬值状态。那么为什么还要努力工作去赚取因为通货膨胀而大幅贬值的美元呢？我还是只做我眼前的事情好了。

年轻人在这两种解释中摇摆不定——于是他们的行为会出现折中。他们不会疯狂地工作，但是他们工作会更卖力一点。

现在我们假设政府刚好已经发放了一笔丰厚的补助。每个人都可以高兴一阵子。老年人高兴是因为他们得到了一大笔钱。年轻人高兴是因为他们觉得自己可能会变得很富有。

但时隔一年，当这些年轻人步入老年，开始支出他们的财富时，他们着实受到了冲击。他们手头赚到的钱已经不怎么值钱了，那么，往昔那些没日没夜的努力工作——不能说一钱不值，但是必然比预想的要少得多。要是早知道的话，他们本可以选择一种比较轻松的生活方式。总而言之，他们受到了诓骗。

究其本质：当政府加印了钞票，每个人都会暂时觉得很愉快。但是大部分都被蒙骗了，最后他们将会悔悟之前那点“好运”。

这和现实世界中发生的事情正好相符吗？当然不会。现实世界更为复杂，表现在至少上万亿个不同的方面。

然而也许在现实世界中这里还牵涉到一个道德层面：政府追加钞票印制，价格就会攀升。价格上涨，工人们就会发现他们的薪酬有所增加，导致至少一定程度上忽略这样一个事实，即他们正在赚取的是贬值的货币。他们会更加努力地工作，到头来，他们会后悔当初的抉择。总的来说，他们的生活质量下降了。

这是一种看法。现在你有可能会问：如果这就是卢卡斯的见解，为什么他不用这种方式来表达？为什么他不直接写下上一段中最后那几句话，而是大费周章地设定一拨虚拟人群，这些人恰好活两年，而且只吃香蕉？

答案：因为无法只通过看就能知晓那几句话是否逻辑一致。它们之间没有明显的矛盾，但是矛盾就是有法子潜伏在丛林中，不易察觉。

此外我们也无法只通过看就知晓那几句话是否会产生其他暗示，而这些暗示很显然就是错误的，在这种情况下这些句子也就是错误的。

能确保你讲的故事有逻辑，前后一致的唯一途径就是把它转换成数学，然后简化到你可以计算所有可能出现结果的程度。这就是模型的精确定义。

有时候你的模型还会启发你产生一些别的联想，而这些是你自己从来也没有想到过的。卢卡斯在他的模型中又引进了一个人物：一位计量经济学家，他用统计的方法研究经济，在卢卡斯成名之前，这些方法还是合乎标准的。这位计量经济学家（正确地）留意到每当政府发放的补助比平时有所增加时，人们就会急匆匆地四处奔走，种植更多的香蕉。他（非常不正确地）总结道，如果政府经常性地发放大额补助的话，香蕉的产量就会永久性地保持在一个相当高的水平线上。

这位计量经济学家的问题出在他不明白为什么货币供应量会影响香蕉作物。他没有意识到人们被误导了，进而高估了香蕉的市场需求量。或者他并不知道当货币供应的变化不可预见时，人们才会被误导。当政府听取了这位计量经济学家的建议而采取一种可预测的货币投入计划政策，这样一来没有人再被误导，而这项政策也是百分百的无效。

通过研究这位倒霉的计量经济学家所犯的错误，卢卡斯和其他学者对于现实世界中计量经济学家做得不对的地方有了深刻的见解，随之引发一场变革。

有时我会听到有些经济学家如此为他们模型的超现实性辩解：现在经济学正处于初始阶段。虽然今日看来我们的模型不切实际，再往后数十年，它们就没那么不着调了，再过十年，不切实际的程度又会变少一点。最终我们得到的将是与现实契合的模型，从而能够依此做出精确的预测。

这一点，我认为，纯属无稽之谈。我们在对事物进行预测时，不是而且永远也不会基于模型；我们的预测是基于一定的非制式推理思考得出的。之所以要研究模型，是因为我们可以通过模型不断地打磨推理技巧。我们能够推算出在模型里发生的事情，培养自己良好的直觉判断，进而产生能够实际应用的推理能力。

在这一点上，我们无异于，比如说，物理学家。当你在一个急转弯处加速时，你又猛踩刹车，你去问问物理学家会发生什么事情。他会跟你说，通过大量精确计算奉劝你最好不要这样做。他一定觉得没必要给你画个图表，建立一个方程式，或者是在电脑上执行计算。通过常年计算分析那些高度程式化的仿真案例，他已经产生了相当确信的直觉，因此，你一说，他的脑中就有了答案。物理学家研究的物体下落都是在真空环境中，台球滑行的桌面是零摩擦力，带电粒子的活动和宇宙中其他粒子是隔离开的。做这些实验的意义在于不是因为它们是真实的，而是因为这些实验可以被完全弄明白。这些透彻的理解可以培养物理学家的直觉，由此他就可以有理有据地精确猜测真实情境下汽车在道路上的真实情况。

经济学家们也渴望能够拥有如此的洞察力。举个例子：过去二十年以来，大量的模型都预测出征收消费税比收取所得税更有助于国家的长期繁荣。如果说只拿其中任何一个模型来作为制定公共政策的向导，未免有点疯狂。但现在的情况是，那么多不同的模型，它们的出发点各有不同，却都好像指向了同样的结论，这就很有意义了。它会促使经济学家们开始思考为什么这些互不相干的模型会统统指向同一个结论。在这一过程中，我们就学习到了新的思维方式，一种很有可能可以应用到现实世界的思维。

有件事情经济学家们做不到，18个月后利率是多少，他们也没法给你准信。 物理学家们也做不到。我猜你很有可能会说这是近代物理学的失败。毕竟，利率是由证券交易商大脑中的物理活动决定的。难道这些不是物理学要研究的东西吗？当然了，答案是设计这些物理（或经济）模型并不是用来对实验室外面复杂多变的各种现象做精确预测的。它们是用来培养研究者的直觉思维的。

经济学是一门艺术，同时是一门严谨的艺术。它不允许你随便说出这个或者那个听着不错，因为我们的模型让我们实事求是。

三　理查德·道金斯弄错了：否认上帝的案例

亲爱的智慧设计论者们：

非智能设计的明显标志就是复杂。

请三思您的观点。

真诚的，

史蒂夫·E.兰兹伯格

（Steven E. Landsburg）

我相信宇宙由数学构造，但是与之相并存的理论也不乏其数。不知道什么原因，这些理论中就有些屹立不倒，经久不衰，比如冠之以犹太主义、基督教和伊斯兰教的那些理论，好像是那些目不识丁的牧师信手编造的一样。

在这一章中，我将提出疑问，即我们有没有理由相信那些宗教的创世理论有可能是真的。当然，我并不是第一个来探讨这个问题的人；那些反宗教的长篇大论已经成为近来畅销榜单的主打书目。在这些书中，最为畅销的要数理查德·道金斯那本可爱的著作《上帝的错觉》（*The God Delusion*）。

现如今理查德·道金斯已经成为一个国际人物。他首次进入公共视野是因了他那本杰作《自私的基因》（*The Selfish Gene*），这本书使得包括我在内的数百万读者能够接触到现代进化生物学，并觉得津津有味。一个愿意为同胞慷慨赴死的人如何经历自然选择存活下来？答案：因为自然选择是在基因层面运作的，而不是生物体层面。当基因具有更有效的生存和繁殖策略时，它就会繁荣，比如它会促使你更倾向于牺牲自己来保全他人，而他人很有可能也携带了同样的基因。

由于你现在正在阅读此书，而之前你很有可能已经听过这个故事了，还包括各种更为复杂的版本。30 年前，前道金斯时代，你大概还办不到这些。正是因为道金斯把这一伟大的思想进行了重新编译，才使其从晦涩难懂的学术期刊走到了公众意识的最前沿。

他公开讨伐宗教信仰，尤其是那本《上帝的错觉》，从他的这些事情中，我相信道金斯犯了严重的错误。他的论点不仅错误，还很落伍。

咱们先从他关于智慧设计论的论点说起。我首先来解释下为什么他的智慧设计论证是错误的；然后我再来解释下为何道金斯对此提出的异议，同样也是错误的——而且出错的原因都如出一辙！

下面是一段对于智慧设计论证的总结：

宇宙（或者生命）具有超凡的、不可约化的复杂性。这样的复杂性需要有一名设计师。正统的科学没能担负起这个设计师的责任来。因此正统科学充其量算是不完整的。

在这里“不可约化”的复杂性指的是许多部分之间的相互作用，任何一个部分离开其他部分都会变得毫无用处。如果说没有视网膜的眼镜不是一副好眼镜，那么没有眼镜的视网膜也好不到哪里去，其中任何一个怎么能先行一步？[①]

聪明的人们往往已经过早地对这种论点嗤之以鼻了。除了它认为非智能设计的明显标志就是复杂之外，也不能说它从根本上是愚蠢荒唐的。我认为它的问题在于它要证明的东西太多了。

要知道，如果智能设计理论没问题的话，那么所有一切具有不可约化复杂性的事物一定是被设计出来的。这样的话包含的事物就多了，比如说，算术。算术非常复杂，以至于没有哪个公理体系——甚至是一套无限公理集合——能完完整整地描述它。[②]算术必

① 视网膜或者眼镜的例子只是为了阐述问题；智能设计的支持者则不同，举例来讲，他们更愿意提起由大约 40 种关键蛋白构成的细菌鞭毛。

② 关于这一点，更多内容请参考第九章和第十章。

定具有不可约化的复杂性（如果把数字3抹去，那么所有的算术就都瓦解了！）。相比之下，人类的基因组就简单多了，只需一张DVD很容易就能完成对它的全部描述。还有算术中那些衍生出来的表达式，就是出自那些自然数字的表达式（0，1，2，3，4……），比那些繁殖细菌鞭毛或者构造人类眼睛的模式更让人头晕目眩，其复杂程度无穷无限（我是经过深思熟虑才用的这个词）。

事实上，算术必然比生命复杂，这是因为生命所有的复杂性都源自于算术的复杂性，尤其是那些在DNA和蛋白质合成中体现出来的组合模式更是如此。

当然了，有人会觉得生命不单单是DNA和蛋白质合成，甚至有人断言生命还要有一个不灭的灵魂。可不灭的灵魂已经超出了科学的界限，然而智慧设计论的全部要义是：通过科学观察得到的那些具有不可约化复杂性的程序，其复杂程度至此，需要有一个设计者。每一个可观测到的程序都能够被描述为一个算术模式。因此，如果你认定任何复杂如生命的事物都需要一个设计者，那么你必定已经做好准备得出如下结论：算术也需要一个设计师。①

这一点令人震惊，因为几乎没有人做好心理准备去相信算术是被设计出来的。如果说上帝设计了算术，那么在设计的过程中，

---

① 如第一章所言，我援引其中算术是复杂的，而且算术不是被设计的。但除此之外，本章中的任何内容与我在第一章中断言和推测的其他任何内容均不相干。

想必他需要做些选择。没有选择就算不上设计。但是当你有这个选项却没有选时，选择才称其为选择，这就意味着，打个比方，上帝本可以做出这样的安排而事实却没有，于是乎二加二等于五。至少从我的经验来看，就算是那些声称对宗教特别虔诚的人对于上帝这种过于无所不能也很难接受。

事实上，各派别的神学家们有一个主流观点，那就是上帝能够做任何逻辑上有可能的事情，但是他不能违背逻辑规律。如果你接受这样一个事实，即运算法则由逻辑决定，那么就算是上帝也不能随意将其改动。

如果算术不可能有别的样子，那么就不能够说它是被设计出来的。如果算术不是被设计出来的，那么现在至少有一种具有不可约化复杂性的结构不是被设计出来的。如果说一个具有不可约化复杂性的结构可以不依靠设计者而存在的话，那么这个智慧设计论的观点就是错误的。

我认为上述反驳足够充分。唯一的出路便是承认算术是被之前设计出来的。但是我觉得智慧设计论者们可不想走到这一步。

下面就是原因：智慧设计论运动的领导者们一贯而且坚定不移地否认那个智能设计者一定就是上帝。大概就是因为如此，他们才能够使其论证剥离宗教外衣，神不知鬼不觉地潜入公立学校的课堂。然而他们做出的那个否定根本就站不住脚。一旦有人提出具有不可约化的复杂性，必定需要设计者，你就只能得出结论：算术本身，并不亚于物理界的宇宙，也需要一个设计者。那么除了上帝，还有谁能够设计出这些个运算法则呢？

我十分愿意承认生命可以有一个上帝之外的智能设计者，比如说，也许我们都是由来自某个其他星球的人类设计创造的，而他们又是由另一个星球上的人们设计出来的，如此循环往复。这个理论和我们熟知的物理学（举个例子，宇宙学家们相当肯定时间不会无限往回延伸）有很大出入，但至少它不会自相矛盾。因此，只要你愿意摒弃大量的科学知识，你就可以一如既往地信奉这种不牵涉上帝的智慧设计论。

但是这一套对算术来说就不凑效了。只有上帝——或者是一个像上帝一般，我们也可称之为上帝的存在——才能够创造出数字，并且对加法运算加以修整。如果说智慧设计论的论证没问题的话，那么上帝一定存在。无论智慧设计论这一运动的创建者喜欢与否，它都不可能和宗教脱了干系。如果你要尝试把智慧设计论当作一个非宗教理论进行兜售，那么它就是个重大的政治问题了。它会使得智慧设计论这一运动处于一种进退两难的境地：这个智能设计者要么设计出了算术，要么没有。如果没有的话，那么不可约化的复杂性并不一定要求一个设计者，由此整个论证就变得无效。但是如果有的话，这个设计者无疑就是上帝，那么断言智慧设计论是一种非宗教理论的整套说法就行不通了。无论是哪种说法，智慧设计论都遭到了痛批。

理查德·道金斯提出了一种不同的观点来反驳智慧设计论：依照道金斯的看法，此智能设计者得比他或她所设计出来的宇宙要复杂得多才行。反过来，他说道，原动力（First Cause）——如果哲学中的原动力存在的话——它一定是至简的，复杂结构必定日后随着时间才衍生出来（大概是通过自然选择）。

在这一点上，我认为道金斯的初衷没错，只不过后来偏离了方向，犯了大错。从局部来看，他一贯主张："如果你认为复杂性都需要一个设计者，那么足够复杂的上帝也需要这样的设计者。"这一部分观点没错。但他同时似乎又强调所有的复杂性必定源自这个或者那个过程，来自结构简单的前身。这一点我不信，因为数学是我们所知的最为复杂的东西了，它一定不是源自什么简单的前身。

在下面这个关键点上，我认为道金斯以及那些智慧设计论者们的观点完全一致，而且完全错误：他们都认为复杂性没有最初的源头。对于智慧设计论者来讲，复杂只能是设计出来的；而对于道金斯，复杂只能源自简单。如果上述结论有一方是正确的话，那么这个结论也同样适用于算术。就连信仰宗教的人们也不能相信算术是由上帝设计出来的，而道金斯也不相信算术是通过自然选择发展而来的。因此，道金斯和那些智慧设计论者们的观点一样不对。

对于智慧设计论就谈论这么多。那么其他那些关于上帝存在与否的观点呢？其中最为持久的一个便是 11 世纪圣安瑟尔谟（Saint Anselm）设计出来的“本体论证明”（ontological argument）。

安瑟尔谟把上帝定义为“人类能够想象得到的最伟大的事物”。你要知道，存在这一特性真的非常伟大，如果上帝不存在的话，它就不可能是人类能够想象到的最伟大的事物，那么它能是什么呢？因此，从定义来看，上帝存在！论证就此结束！

受安瑟尔谟启发，我打算来证明一下，有那么一个数字，它比其他任何数字都大。我把它命名为数字G，同时我定义它永远为最大的数字！那么现在来看，如果G不曾存在的话，它就不可能永远成为最大的数字，这怎么可能？于是乎按照定义G存在！论证结束！

想一下这个数字吧！所有数字中最大的数字！当你数数时，到G就无法再数下去了。假如说你手上已经有G枚硬币，然后有人又给了你一枚，那么你总共有多少枚硬币？结果不能是G+1，因为它就成了一个更大的数字，而这种情况是绝对不可能的！

换言之，这个结论是错误的。事实上，根本不存在最大的数字。（“无穷”并不用来计数，没有一个叫作无穷的数字。）无论这个G有多大，G+1 必然会更大。那么我上面那个无懈可击的论证怎么办？答案：从表面上来看，这个论证就很荒谬。不能仅仅靠下定义你就说这个东西存在。如果你可以的话，那么我也能定义一个新型的遥控器，它能够自动地把亚当·桑德勒（Adam Sandler）从他的任何一部电影中移走。

无论安瑟尔谟选择“定义”什么，对应过来就有伟大的东西，然后更伟大，以及比之更伟大，如此无休无止——就像这有一些数字，然后有比它们大的数字，然后还有更大的数字，没有尽头。安瑟尔谟一开始就设定存在一个人类能够想象得到的最伟大的东西。前提假设不正确，你当然会得出一个不正确的结论。

理查德·道金斯又一次反驳了那些笃信宗教者们的观点，不过在我看来，他给出的理由和他的论点本身一样不足以令人信服。他问道“是不是太好了就难以置信”，“难道一个关于宇宙的伟大真理竟要单单从一个文字游戏中得出来吗？”他坦言：“如果连一个数据都不从现实世界中提取并输入进行研究就得出如此重大结论的话，这种推论我会自发地产生深深的怀疑。”

可是单凭“文字游戏”，那些关于宇宙的伟大真理确实可以窥见。举个例子来讲，比如说质数有无穷多个。从来没有人能全部观察到这些无穷的质数，甚至连微不足道的一小部分都没人能做到。然而我们知道它们确有存在，不需要参考任何一个数据我们就知道它们存在。欧几里德也早已知晓，两千多年前他就记录下了这一验证过程。

假设你碰到一个执拗无比且态度强硬的人（Implacably

Hostile Person，以下简称IHP），他坚持认为2和3是唯一的质数。你可能会怎样来反驳他？

你：我觉得你漏掉了一些质数。比如说，7呢？

IHP：我不认为7是一个质数。

你：呃，那么你一定还记得小学时曾学过任何一个数字都可以被某个质数整除。如果你的理论正确的话，7就一定能被2或者3整除。请问可以整除的是哪一个？

IHP：噢，好吧。也许7也是个质数。我现在十分肯定质数只有2、3和7。

你：如果我还能向你展示一个不能被2、3和7整除的数字，你就得承认你又一次错了，是吧？

IHP：是的。不过你怎么就指望能找到这样一个数字呢？

你：哦，我有一大堆方法。不过我这会儿能想到的是：如果把2、3和7三个数字相乘，就得到了42。它是可以被2、3和7整除的。所以它后面的数字，也就是43，不能被这三个中的任何一个整除。[①]关于你那2、3和7是仅有的质数这一理论的论证到此为止。

① 事实上，能够被2（或者2，4，6，8……）整除的数字通常至少间隔两个数字；能够被3（或3,6,9,12……）整除的数字至少间隔三个数字，以此类推。

IHP（沉思良久）：好吧。这是我的新理论。现在仅有的质数包括2，3，5，7，11，13，17，19，23，29，31，37，41和43。

你（叹了口气）：如果我把这些数字相乘，我就得到了13082761331670030。它下一个数字，也就是13082761331670031，不能够被你那个“完整”质数列表上的任何一个数字整除。

IHP：哎呀。

就算再列个更长的有限数字列表，对你这个朋友也无任何益处；无论他列出何种列表，你都可以用同样的伎俩证明他是错的。这个伎俩百试不爽，因此有限的质数列表不可能是完整的。完整的质数列表一定是无穷无尽的。

你瞧，一个关于宇宙的伟大真理就从这么一个“文字游戏”中推导出来了。除了道金斯之外，安瑟尔谟论证的不妥之处并不在于他在玩文字游戏，而在于他的论点本就不对。

关于上帝是否存在还有一些别的观点，但是那些论证于我来讲都太愚蠢，不值得一提。而且不管怎么说，这些观点都已被道金斯及许多研究者洋洋洒洒地驳斥掉了。所以在这里我就不再赘述。

然而，我还是忍不住想就“帕斯卡赌注”说几句，它虽然并不是关于论证上帝存在的真实性，但是整个假设却充满了智慧。

他的论证是这样的：上帝可能存在（我先假设它是真实的，就如同我假定月亮的暗区可能居住着紫色的恐龙），因此我们每一个人——无论信或者不信——都存在犯错误的风险。无论喜欢与否，我们都进了这个赌局。比较明智的赌法就是相信上帝，这是因为——即使上帝不大可能存在——（有了上帝，人们就能在天堂获得永恒！）单是这个潜在的回报就已经很不错了。当奖品足够丰厚时，你就会不惜风险下注。

于是，在这个赌注中，上帝呈现出来的样子就如同那个臭名昭著、盛极一时的尼日利亚电子邮件诈骗。上帝给出的承诺有时太过美好而显得不切实际，即便如此，它们太过诱人，很难抽身离开置之不理。[①]对那些把赌注押在这一种观点的人，经济学家亚历克斯·塔巴洛克（Alex Tabarrok）又抛出了一个新的赌局。上帝存在的可能性（固然很小），但总是有可能，而且这个可能性使你很想把全部的钱都押给亚历克斯·塔巴洛克。事实上，你能否进入天堂还有可能要取决于这一点。既然风险这么大，在这个赌局里比较明智的做法就是把所有的钱都押给他。如此，我要在这收百分之十的中间费。

---

① 我想说的是那些尼日利亚邮件里提出的优厚条件太过不真实，因此我从来不予理睬，除非他们要给我至少五千万美元。

The Big Questions

第二部分

信念

你的大多数信念都是欠考虑的。你并不傻，你的时间和精力有限，所以把注意力集中在一些经过精心筛选的领域才能做得风生水起。

所幸的是，你的大多数信念并不打紧。你可以去相信那些关于宇宙起源的最怪诞的说法，相信人有超感官知觉，或者道听途说贸易逆差带来的影响，但是你依旧可以出色地做个会计、出租车司机或者是英国文学专业的教授，而且一点儿不妨碍你当一个好朋友和一名出色的家长。

接下来的几章中，我会谈到一些关于信念的内容，而如果有机会稍微深思下的话，我相信大多数人会立刻摒弃这些信念。无论要谈论的主题是宗教、生物学、经济学、道德或者整个世界运行的日常百态，我敢断言，若真有什么让你迟迟悬而未决，大多数人就会毫不犹豫地丢弃之前那些最为珍视的“信念”。基于对自身的深刻思考，我会集中几个方面来讲述，这样我不仅可以试着来解释下为什么那么多被广泛信奉的信条是错误的，而且还能讲下哪些替代性的信条有可能是真的。

这些领域包括科学和经济学（第四章和第五章）、宗教（第六章）、玄学（诸如自由意志）、超感官知觉和来世（第七章），以及几乎其他任何信念可能出现分歧的领域，事无巨细，从棒球到犯罪治理（第八章）。

在此过程中，我们将会涉猎一些知识，关于色觉、水波、自由贸易案例、认知科学以及如何辨别间谍。

四　白日梦信徒

想要抛开我的论据来记住我的论点，这绝非易事。

——弗里德里希·尼采

如果说一个信条对你来说无关痛痒，那么坚持这个信条便毫不费力。我们人类常常这么做。“耶稣即神。”“自由意志是一种幻象。”“贸易保护主义可以使我们强大。”我们之所以坚信诸如此类的信条，恰恰是因为没有什么会因此岌岌可危。比如说，不能正确地理解贸易保护主义会让你投票时做出不明智的选择，但是这又怎样？你的一票从来就不足以撼动整个选举分毫。你若因此犯了错误，这正好给你一个很好的理由。

最差的情况就是，因了这些错误的信条，一小撮人会对你嗤之以鼻，而事实上是因为这些人对这些问题深有研究——又或者很多人从这些少数研究者那里得了一些线索也来嘲笑你。在某些交际圈里，你声称信仰神创论就会使自己沦为笑柄，而你还得甘之如饴。对于神创论也许有一些不错的论据，但是大部分神创论者完全无视许多有关自然选择的论据，这些论据无可反驳，几乎所有对生物学进行认真思考的人都信服这些论据。与一个声称信奉贸易保护主义（或打着现代的幌子称作“反全球化”）的信念得到的反应一样，分毫不差。对于贸易保护主义也许有些不错的论证，但是大部分的贸易保护主义者完全无视许多关于自由贸易的论据，它们无可辩驳，而几乎所有对经济学有过深入研究的人都赞成这些论点。在下一个章节中我会和大家分享下部分论据。①

我有很多时间是在大学校园里度过的，有一些场景司空见惯，在这里狂热的贸易保护主义者会嘲笑那些狂热的神创论者，认为他们愚昧无知。殊不知，对于那些清楚自己口中所讲内容的人们来讲，双方始终忽视了这样一个事实，那就是这两套信念听起来都一样的古里古怪。即便是在一些知识分子中间，也极少有人愿

① 你可能会争论说神创论和贸易保护主义分属两个不同的类别，因为神创论是一个科学理论——关于万物怎么来的理论，然而贸易保护主义是一套政策性的指示——一个关于应该是什么的理论。但是正如我在这里用到的这个术语，对于贫穷和富有产生的根源，贸易保护主义也会有许多论断，这个和神创论关于智能生命产生的根源有着完全一样的科学立足点。

意去花心思关心这些问题。

当你在小学的时候，你大概会学到色环——所有的颜色围绕一个圆圈依次排开，从红到绿，到蓝，到紫，到黑，然后又回到红色。当你到初中的时候，你大概又会学到光谱，有红色（波长最长），到橙、黄、绿、蓝、靛再到紫色（波长最短）——所有这些排成一列，就像人们从彩虹里看到的一样，一目了然。当我读研究生的时候，我的好朋友鲍勃·布鲁内（Bob Bruner）指出了其中的矛盾之处。矛盾是什么呢？他问道，那些颜色会自然地形成一个圆圈或者队列吗？我当时记得，对于不能回答上来他的问题，我只是略感不安。而让我深感不安的是，我居然从来没有想过这个问题（现如今我已经知道答案，会在下个章节中公布出来）。

当你搅动池塘的水面（比如说扔进去一个鹅卵石），这时候你就能激起涟波，水花一个接着一个冲向岸边。搅动气流（比如大喊一声“就是你！”），这时候你就激起了声波（这次产生波动的是空气）。一个声波传到我耳边，于是我听到了你的信息。下一个声波在哪里？为什么我不能再次听到信息？为什么不能一次又一次地听到？为什么整个世界的声音听起来不像一出瓦格纳歌剧？最重要的一点是——至少从初中时我就知道了声音是一种波——我现已成年，而我却为何从来没有想过这个问题？

我曾经尝试用平实的语言来阐释为什么池塘的鹅卵石可以激起涟波，而声音在空气中却不能？最后我未能如愿。假如你确实感兴趣的话——假如同时又热爱高等数学——你不妨谷歌一下“惠更斯原理”（Huygens's Principle）。得出的结果是：池塘的表面是二维的，而气流有三个维度。当维度数量是偶数的时候，搅动能够激起涟波；而当其是奇数的时候——搅动只能激起单个的波——形不成涟波。

假设我们居住在一个六维世界里，此时池塘水面有五个维度，那么池面便无法形成连绵不断的波纹，而声波却可以。把鹅卵石投进一个维度是奇数的池面内只能激起单个的波峰；在维度是偶数的空气中惊呼一声，就会有回响，而且一声接一声，连绵不绝……

为什么波和这个世界的维度奇偶关系这么紧密？要解释清楚这一部分，我得借用更多的数学知识，而这些数学知识你可能也不想看。[①]不过话说回来，这个解释跟我的个人观点丝毫没有关系，有了这份释然，我们才能够依然坚持那些自相矛盾的信条。在学校的时候我们都学过“声音是一种波”；我们都曾经往池塘里扔过石头，我们也都知道波是什么样子，然而不知道为什么我们中的

---

① 如果你确实想要看下这部分数学算法——还有附加的涟波物理现象说明——请看附录部分，或者登陆网址 www.the-big-questions.com/ripples.html.

大多数却从来没有注意到这么明显的矛盾之处。

对于物理世界本质的认识，我们竟然可以包容这么多自相矛盾的信条，这也从另一个层面说明我们都有一种倾向，那就是我们在接受观点的时候往往不会去提出质疑，或者停下来去思考下我们到底是不是真的信这些。正如我前面所说的，这种行为合情合理，无可指摘；精力有限，你要想在这个世界中活下去，你就得有所取舍，就得去挑选锁定你要认真思考的东西。

接下来的几章会涉及一小部分我自己选择去认真思考的科目，第八章会有一个总的论证，提示我们几乎所有的信念都欠考虑。但是首先我们还是来说说那些未完的事情。

五　贸易保护主义的疯狂

黄色是我们每一个人都有的一种神秘体验。留待讨论。

——汤姆·斯托帕德（Tom Stoppard）

我之前承诺要向大家讲述下关于色视觉以及贸易保护主义中的经济学。不过，我们首先来讨论色彩这个话题。

人类的色视觉如何运行

上小学的时候，老师向我们讲到过色环，比如说，绿色位于蓝色和黄色中间，这样我就知道“蓝和黄可以生成绿”。初中的时候，我们学习并研究彩虹，那时候我们知道了每一种颜色对应不同长度的光波，其范围从红色（波长最长）跨越橙、黄、绿、蓝、靛到紫（波长最短）。

如我上文所提到的，直到上研究生的时候，我的好友鲍勃·布鲁内问了我这样一个问题：如果颜色和波长一一对应，从长到短依次排开，把它们排列成一个环状与我们有什么相干呢？难道不应该是一个色彩队列吗？研究生期间，我已经非常习惯被提问这样的问题，常常都答不上来。但是这一次，我着实大吃了一惊，对于这么明显的前后矛盾的说法我都没有注意到，而竟糊里糊涂了大半生。

鲍勃知道答案，并且乐于和我分享。现在，我就把答案和大家分享一下。

首先，射过来的光确实波长各有不同；事实上，很多的光波无限长。我们说红色后面是橙色，但事实上当你横穿整个彩虹时，红色是渐变为橙色的，整个过程中间有无限种过渡色。要想把这些无限种颜色记录下来需要用到更为精深的数学方法，而这些方法大概已经超过了你现在想要了解的范围，因此我仍然沿用之前惯用的说法，即光有七种波长：我们所熟知的红、橙、黄、绿、蓝、靛、紫。

物体依靠反射不同波长的光线来获取颜色。打个比方来讲，你正在盯着看的一朵花反射了红光的 8 个单位、橙色的 4 个单位、黄色的 3 个单位、绿色的 2 个单位、蓝色的 7 个单位、靛色的 6

个单位，以及紫色的5个单位；在此简称为（8、4、3、2、7、6、5），我们需要用这七个数字来描述这朵花反射的光线。

现在的话，我们的大脑想要记录的数字达不到七个，因此眼睛会把这七种颜色归结到三种。首先它会平均8、4，3这个三个数字（得到5）；然后平均4、3、2、7（得4）；然后7、6、5（得6）。（在这里我们需要注意下，这七个数字中有些数字不止用到了一次。）这三个平均数——（5、4、6）——就是我们的大脑所收到的信息。[①]

然后大脑会把这三个数字（5、4、6）转换为一种颜色——在这个例子中，让我们来做个假设，比如这个颜色是一种艳丽的品红色。最后起作用的是那三个平均数。因此，不同的花朵即使反射的光线分布不同，它们仍然可以显示完全相同的颜色。想象一下，一朵花反射的光分布为（9、5、1、6、4、7、7）。人的眼睛先平均9、5、1；然后是5、1、6、4；然后平均4、7、7。这时眼睛就会向大脑发送这个结果，大脑接收到（5、4、6）这三个数字，你就会说“快看，这两朵花全都是品红色！”

见下页图：

截至目前，我们的原理是眼睛和大脑同时工作才能识别出颜

① 当然这里有些过度简化。事实上，人眼接收到的数字远不止7个，而是一串无穷多的数字；此外，它采用的是加权平均法，因此在平均6、4、3的时候，有可能6要被计入两次。上述简化的过程并不牵涉重要的东西。究其本质，人眼会计算三个平均数，然后将它们传送给大脑。

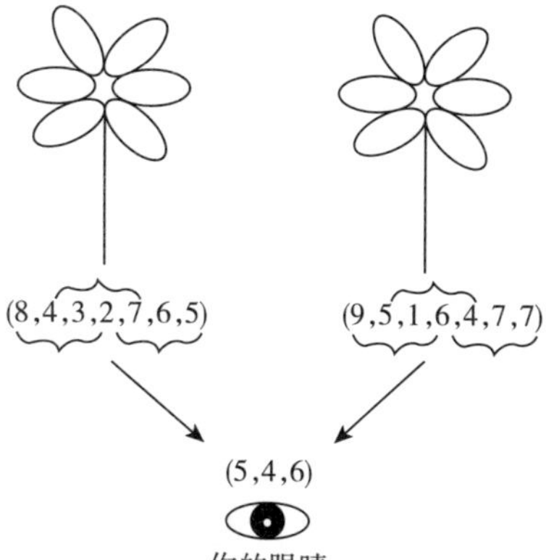

色——换作是其他别的物种的眼睛和大脑兴许就得用别的规则了。想象下某个别的生物，比如鼹鼠——它的眼睛看到的是同样的数字，但是却用不同的划分方法来计算平均数。比如说当它接收到的数字是（8、4、3、2、7、6、5），鼹鼠的眼睛会先平均 8 和 4（得到 6），然后是 4、3 和 2（得 3），再然后是 2、7、6 和 5（得 5）。

如下页图所示：

人的眼睛计算出来一套平均数，而鼹鼠计算出来的是另一套。两朵花在人类看来是一模一样的颜色，但是对鼹鼠来说却不是。

从上面的图解中可以看到，按照鼹鼠计算平均数的方法，对于左边的花得出的一套数字是（6、3、5），而右边的结果却大大不同，得出的数字是（7、4、6）。虽然人眼看这两朵花一模一样，但在鼹鼠看来，这两朵花却完全不同。与此同时，另一组人类看

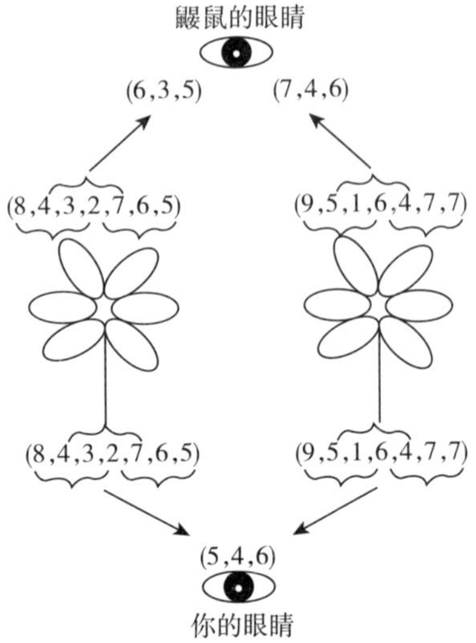

来大有不同的花在鼹鼠看来却完全一样。

那么，颜色就是一种生物现象，产生于生命体的大脑。相比之下，光是一种物理现象——无论是谁，看或者不看，它都在那里。彩虹就是一种物理现象。而色环，若能看到的话，是一种生物现象。

更确切地来说，色环就是一种人为的生物现象；它描述了人类的大脑中产生出来的颜色。正如我们所见，每一种颜色都可以解码为三个数字。三个数字分别指定了空间中的点在X、Y和Z轴上的位置。因此我们可以想象空间中的每个点都着色于对应的颜色。例如，一个坐标为（5、4、6）的点对应的颜色就是艳丽的品红色。

下面就是一幅三维空间图，你可以想象下每一个点都被赋予了一种颜色：

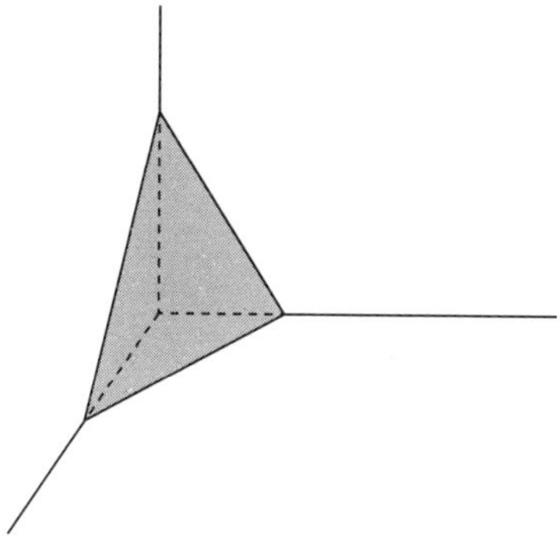

三个轴交汇的原点是黑色。当你通过原点沿着任何一条直线移动时，点的颜色会越来越浓，但是色相不变。

现在我们来看我在三个轴线上楔入的三角形的那个阴影面，每一个从原点出发的直线只能和这个面相交一次——因此每一种色相只能在这个表面出现一次。

把这个表面放平，上面填充了每一种大脑制造出来的色相。把所有的角抹平，你瞧，我们就得到了一个色环。

实质上来讲：彩虹的每一种颜色都对应一种特定波长的光，依照从长到短的顺序依次排开。但世上几乎其他任何东西的颜色都来自不同波长的杂糅。人类的眼睛看到这个混合物之后，运用一些算术计算出三个数字，然后传送到大脑。这三个数字就限定了一种颜色，因此人的大脑感知到的所有颜色充斥于一个三维空间，而色环就是那个楔入三维空间的表面。

凑巧的是，有些动物（例如老鹰）的眼睛会计算四个或五个平均数，而不是三个。这就意味着和人类相比，鹰可以看到更为丰富的颜色系列。在鹰的眼睛里，“色环”可能就是一个三维的球体。对它们来讲，球体上的每一个点代表了一种不同的颜色。

当然了，对于没有透视眼的生物来说，这个“色球”便毫无用处，因为人类只能看到表面的颜色，错过了里面所有奇妙的颜色。大概就是因为这样，老鹰不需要去上小学了。

疯狂的谈话

要想说服自己相信上帝在六千多年前创造了这个世界，那得对科学有多么无知。同样地，需要对经济学一无所知，才能相信贸易保护主义——采取进口关税和配额来抑制外贸进口——这样会让我们的国家更繁荣强大。

现实的情况是确实有少数科学工作者极力拥护某种形式上的神创论，也有一小部分的经济学家拥趸某种意义上的贸易保护主义——但两种情况所涉及的人数微乎其微（虽然有时候他们的言论也有一定的分量）。大部分时间里，科学知识还是排斥神创论，经济学知识不包容贸易保护主义。

不过，两者还是有所区别：在反对神创论的案例中，人们很大程度上依据的是从化石记录和地质层得到的事实，而在反对贸易保护主义的例子中则主要依靠逻辑推理。科学家发现了那些足以驳倒神创论的事实，并且以报告的形式呈现出来；而我们这些剩下的人只得深信这些科学家始终是忠于事实的。相形之下，从一开始任何人都可以采用逻辑推理的方法来驳斥贸易保护主义。

在我看来，似乎贸易保护主义论者甚至还不如神创论主义者让人尊敬。假若你坚信大部分科学家都是骗子——那么他们那些关于化石的言论就都是假的——于是你就可以一如既往地做一个逻辑一致的神创论者。但是你不可能是一个逻辑一致的贸易保护主义者。

比如说干细胞研究，又一股可能会产生永久性变革的力量，相形之下，自由贸易就不同了，它在很大程度上要受制于那些愚蠢无知以致迷信的人。对于干细胞研究，就算美国政府当局横加阻拦，至少他们造成的破坏是有限的；受到抑制或禁令禁止的研究项目可以迁到欧洲或亚洲，美国人仍然可以分享到研究成果带来的益处。而自由贸易呢，它就不可能有这样一个安全阀了。

在任何一本中级微观经济学课本里面都能找到关于对贸易保护主义的驳斥，而且论证完备，自成一家，且都有配套的图表和方程式。这些图表和方程式很重要，能够确保整个论证无懈可击。不过用文字就可以很容易地阐述其中的主要观点。

我来举个例子。假设美国厂商每台数码相机卖 100 美元。有一天，一个新的中国供应商开始出售同样的数码相机，售价只有 75 美元。现在每一家美国相机销售商面临着一个两难选择：要么降到中国商人的价位，要么失掉自己的客户群。

暂且假设每一家都决定降价，和中国商人以同样的价位出售相机，让我们来结算下此时美方的损益。假如说你要买一台相机，中国商人可以使你节省 25 美元。如果我再把这个相机卖给你，那么这个中国商人就只赚了我 25 美元。你得到的等于我损失掉的。总的来说，较之前我们的富裕程度不会增加或减少。

如果我们的故事就此结束的话，从这桩外贸交易中产生的损益正好相互抵消。但是故事仍然要继续下去。每台机器卖 75 美元，我很不乐意，于是我就开始思考有没有别的法子。或许我会转行去制造手机。或许我会早早地退休，然后余生都沉浸在魔兽世界里。无论如何抉择，我的境况都不可能更加糟糕，因为这一切都是自愿的。如果退出相机行业使得情况变糟的话，我定会坚守在这个行业。①

我们来理理清楚：所有的美国相机销售商显然都因为低价的中国商人有所损伤——但是那些选择离开相机行业的一定会比继

① 你可能会不同意这个说法，觉得我不能继续留在相机行业了，因为中国商人已经掘走了我所有的客户，不过这个反驳可是相当愚蠢。只要我的价格和中国商人持平——或者比他低上一美分——我就能继续做这一行。

续坚守在这个行业的商人损失要小（或者至少不会更多）。

现在我们再来结算下损益。消费者仍然从每台相机中节省25美元。那些选择继续留在相机行业的商人每台损失25美元。但是那些选择离开这个行业的商人每台损失的钱数要少于25美元。每一位美国消费者都得25美元，每一个美国生产商都损失25美元或者更少。美国消费者的所得要大于美国生产商的所失。

单凭这一点就能够证明贸易使得美国人民一般都比之前更为富裕。但事实要更好一些。相当一部分美国人不会花100美元去买一台相机，但是却乐意花75美元去购买一台。如果没有对外贸易的话，这些人根本就不会去购买相机。但是因为有了贸易，这些人就会去买。他们从中获得的快乐对美国人民来说又是一笔附加的收益，而且不用付出任何代价。

如果相机销售商和购买者的人数是固定的话，那么引入价格低廉的中国相机的结果就是，消费者欢呼雀跃，本地销售商眉头紧锁。但是，当销售商人数减少时，整个销售部分的损失就会减少，同时消费者人数增加的话，购买部分获得的收益就会大大增加。因此，收益必定大于成本。

几乎所有的经济学家都拿上述论证作为决定性的证据，以此得出结论：贸易使得我们更加富有（因此，对贸易起到限制作用的关税和配额会使我们更穷）。据一项调查，89%的专业经济学家（包括各个政治派别）都反对限制国际贸易。很有可能那 11% 的经济学家中还有相当一部分人也同意贸易能够促进繁荣，但是他们又觉得由此带来的繁荣和其他经济价值比起来有时要退居二线。至于剩下的那拨，有一小部分很有可能是受雇于人，尽说些他们自己都不信的东西，还有一小部分只是名义上的“专业经济学家”。我深信一定也存在一些否定进化论的“专业生物学家”。

但是我无意做出一种权威式的论证。如果你认为我把某些东西强加于你的话，非常欢迎你对我的推理进行剖析。所有的逻辑推理都是公开的。你不必偏信我或者其他任何人。[①]不过，要推翻我的逻辑，你可不能靠污蔑中伤，比如说“经济学家不过都是些追逐私利的托儿罢了”。（如果你觉得我有点防御过度的话，你该去看看我的那些电子邮件。）用林肯总统的话来讲（他本人不支持自由贸易）：

> 但凡你学过几何的话，你一定记得，欧几里德通过一系列的推导得出三角形的三个角之和等于两个直角。他向你一步步展示了是如何得出的结论。现在你如果想要推翻这个命题，证明它有误，你能单靠称呼欧几里德是骗子就证明他的命题是伪命题吗？

---

① 我在这里举出的论证几近无懈可击，但还算不上完美。从原则上讲，你可以说贸易限制使得美国出口商获得垄断势力，这样美国人民就会更加富裕，从而避开了我得出的结论。经济学家们都喜爱这样的思维论证，但是很少有人觉得它和现实世界有多大关系。

六　信徒信的是什么？

其实你并不相信什么，你只是相信你一定相信什么。

——塞缪尔·泰勒·柯勒律治（Samuel Taylor Coleridge）

每天早晨，我的朋友美莎（Misha）都会和其他正统派犹太教信徒一样做晨祷，最后都以这样的宣布语结束："我相信弥赛亚（Messiah，犹太人所期待的救世主）会到来，对此我信心满怀。虽然他有可能会耽搁，但我仍然深信不疑。"而我自己呢，我深信不疑的是 2 的平方根是一个无理数，但是我并不觉得我有必要一直向全世界宣布这一信念，因此我怀疑美莎在说谎。

大多数情况下，那些我反复念叨的"信念"通常都不是我真正相信的。假如哪天走在街上，无意中你我正好擦肩而过，你可能会听到我在喃喃自语地说些什么，比如"我相信格子花呢和佩斯利涡旋花纹搭起来正好”或者“我相信到感恩节的时候我又能掉五磅肉”，又或者“我相信她一定喜欢我！”，但是你绝不可能会听到我嘟囔“我相信2加3等于5”。我一直就知道2加3等于5，所以我不需要一直提醒我自己这一点。

我反复念叨的那些“信念”往往是那些我可能想要去相信或者一直在努力说服自己的东西，又或者是当时我正在试穿什么。但当我跨过那道坎，接触真正的信念时，我不会反复说起。

因此当那些教堂会众聚在一起吟唱时，我看到的一切都恰好证明在场的人没有一个相信上帝。

当然了，信念也分等级。有些信念就比另一些更加随意。比如，我相信林肯在1846年首次入选国会，继而又当上了美国总统。想让我相信我搞错日期了，不需要提供什么证据，而想让我相信林肯从来就没有入选国会，那可就得多拿出点证据了，而想要让我相信林肯从来就没当过总统，那需要的证据可就多多了。

那些我从来不加以思考的信念往往最不坚定，通常是因为我觉得它们索然无味。凭着对小学时候模糊的回忆，我相信皮尔是美国南达科他州的首府。但是因为我并没有什么理由去关心到底皮尔是不是美国南达科他州的首府，也没怎么想过，因此就算我知道我错了，也不会太吃惊。

正因为我对南达科他州并未有过多的思考（除了偶尔会想起那次去黑山和大荒地的精彩旅程），关于它的首府是哪个，通常我都意识不到自己有多不确定。比如你问我南达科他州的首府在哪儿，我会回答“皮尔”。如果你接着问我“你确定吗”，我可能会突然意识到——而且是第一次意识到——我一点也不确定。

我想宗教对于大部分人来说也是如此。他们相信他们是相信宗教的，但是他们的“信念”最经不起推敲。假设你找一个最虔诚的教徒，然后问他“你们的教义都是真的吗？”，同时再威胁他，使其相信如果答案不对，他的孩子就没命了。我猜想十有八九他会叛变，活脱脱一个重生的异教徒。这件事情罕有发生的唯一原因就是很少会出现什么机会，使得有没有取得正确答案这件事情变得至关重要。

无论是否必要，我相信一定存在许多证据可以说明真正的信念极为稀少，虽然被系统收集过的证据几乎没有。首先，大部分宗教都主张上帝可以洞悉人类的所有行为，当我们行为不当时，它就会惩罚我们，而当我们做了好事时，就会奖励我们。上帝的惩罚往往相当严苛。因此我们会期待信仰宗教的人们的行为优于不信教的人们，尤其是当人们处于一种无人监管的境况下。抢劫一家卖酒商店得来的钱怎么能跟永生永世入地狱相提并论？

你可能会回应道，抢劫卖酒商店的那一伙人是出了名的目光短浅，他们可以一面相信地狱存在，一面却将其抛之脑后，他们只能关注到眼前的好处而忽视了未来将要受到的惩罚。这一回应的问题在于它全然忽视了威慑力所产生的作用。事实上，威慑力确有其功效。关于这一点能够说明的证据很多，几乎不用怀疑；几十年来的证据都可以从那本《犯罪经济学》中找到，其中数百名研究者参与了综述，经由艾萨克·埃利希（Isaac Ehrlich）和刘志强（Zhiqiang Liu）编辑成一个三卷本纲要。现实的情况是：坐牢服刑时间越长，犯罪就会越少。定罪率上升，犯罪率就会下降。但其中真正起作用的还是定罪率：定罪率每增长 10% 所产生的威慑作用要比平均监禁时间增加 10% 强大得多。

现在，对于一个真正信仰宗教的人来说，定罪率就是百分之百。因为上帝能看到一切，知晓一切，并惩罚一切罪恶。基于我们对上帝威慑作用的了解，真正的信仰者应该几乎从不犯罪。但是我却找不到一丁点儿证据来证明那些宣称信奉宗教的人比那些无神论的街坊们更加遵纪守法。平心而论，把这句话反过来我也同样找不到证据来证明。这里的假设认为宗教信仰是真诚的，这个假设产生的影响可以被验证，我期待看到有人来做下这个验证。

理查德·道金斯还写了一本书叫作《上帝的错觉》（*The God Delusion*），以此来驳斥宗教上的种种说法。我感觉他的论证大可不必，因为反正没有人会相信那些说法。（我们还需要一本叫作“圣诞老人不过是幻觉”（The Santa Claus Delusion）的书吗？[①]）实际上当道金斯在指出他的研究数据时削弱了自身的地位，因为单凭那些数据就可以显示，至少从美国各州看来，宗教信仰和犯罪之间没有相互关系。他指出宗教不会使人变得更好，但是他漏掉了一个更大的观点，那就是既然宗教不能使人变得更好，那么大多数人一定并不怎么虔诚。

正如道金斯本人及时承认的那样，他的数据[②]太过粗糙，实际上并不能证明什么问题，不过目前来讲它们还具有一定的暗示意义，那就是这本书针对的是一个并不存在的敌人。

许多宗教不仅承诺会严惩恶人，还会对正直的人许以一个辉煌的来世。如果信徒足够虔诚的话，这个应该也能对他们的行为产生影响。那么，那些希望幸免于死的人理所当然地就不应该怕死，也不应该花过多的时间和精力来进行自保。那些声称信教的人会比我们在医疗保健方面的花费少一些吗？他们是不是不需要那么多的烟雾警报器？他们是不是更有可能会横穿马路？一个界

---

① 在上一章中我就说过道金斯试图驳斥智慧设计论的论证存在缺陷——而且，比较讽刺的是，它的缺陷和智慧设计论本身存在缺陷的方式都一模一样。这一章中我对道金斯提出的控诉和上一章的那些控诉完全没关系。

② 引自山姆·哈里斯（Sam Harris）的《给基督教国家的一封信》（*Letter to a Christian Nation*）。

外飞球朝脑门砸过来时他们不会往后退缩？如果我猜测没错的话，答案应该是否定的，我几乎很难想象他们关于来世的“信念”可能是真心真意的。

下面我们来思考下“宗教对话”这一奇怪现象：比如说天主教和新教、犹太教和基督教，或者是基督教和伊斯兰教之间，它们在一种相互尊重的气氛中聚到一起，深入学习彼此的教义。确切说，尊重的内容该是什么？是彼此的教义，还是他们坚守教义的权利？如果是后者的话，那就没有必要进行对话了；我可以对你敬而远之，并且尊重你犯错的权利。不对，宗教对话旨在尊重教义本身，这其中就蕴含了这样的事实，即你承认对方的教义可能是对的。（要不然尊重教义还能有什么别的意思？）不过基督教一承认伊斯兰教教义有可能是对的，就等于承认了天主教可能是错的。完美的宗教也不过如此。

正统派犹太教人从传统上回避进行宗教谈话，理由是对于板上钉钉的事情没有讨论的意义。我们都知道耶稣不是神，那么为什么还要浪费时间来讨论？我之所以把这些拿出来，是想说明对于他们的宗教，正统派犹太教人一贯说话算话，言出必行（虽然我还是觉得这一例证不足以反驳所有的反面例证）。不过对于其他大部分宗教——包括犹太教的其他派别——主流领袖会经常鼓励并参加这些辩论和对话。

对于真正的信徒来说，这些对话可能会有什么用吗？不会有人在每一天结束的时候切换宗教信仰吧？或者仅仅是他们持有的观点是对立的（“耶稣为我们的罪钉死在十字架上”“耶稣的肉体上到天堂”，“耶稣就是一个普通的凡人”），说完之后每个人像圣人般的点点头，然后各自回家？当人们真正觉得自己对的时候，他们才不会这样做。以我的经验来看，比如说一屋子的人对于重要的事实看法相互冲突，除非他们最后论出孰是孰非或者累得撑不住了，要不然你不会善罢甘休离开那个屋子。

那么，宗教对话怪就怪在它常常并不涉及对话。事实上，在上流社会，缺失真正意义上的宗教对话的现象非常显著。人们如果真正相信一个东西的话，他们一定会极力为之辩护。然而在这些所谓的信教徒中，只有一小部分可以充当侃侃而谈的说客。

为什么这些教徒们不努努力，去把真理传播给他们那些蒙昧的街坊们？仅仅是出于礼貌吗？如果这里说的是政治而不是宗教的话，这个说法我还能接受。宗教上的分歧绝不同于政治观点上的分歧，这是因为宗教分歧常常取决于一些事实的东西。而政治却不是这样，政治观点常常取决于个人利益；农民偏爱让他们增收致富的政策，而银行家更喜欢给他们带来财富的政策。如果在餐桌上正好挨着，农民和银行家可能会（也可能不会）因为关系友好而绕开政治话题。但是如果他们关于南达科他州的首府在哪儿而意见相左的话，不管是礼仪还是惯例都管不住他们的舌头。他们会拿出证据，他们会想尽办法找出谁错了，而如果是一件重要的事情悬而未决的话，他们会咬着不放，直到把事情解决了。如果对耶稣的神性看法不一的话，我料想他们也会这么做——当然了，除非这些分歧一开始就是为了作秀，在这种情况下他们有可能也会换到另一个同样重要的话题。

现在我们从宗教间对话换到内部对话。通常来讲，我们往往最在乎那些经过研究或者深思熟虑的事情。宇宙学家会因为争论宇宙的大小而红脖子，会计格外在乎准时制库存管理，而17世纪的历史学家关注的是奥利弗·克伦威尔（Oliver Cromwell）。确实如此，原因有两个：第一，热情激发人们去研究，第二，研究激发自信，继而又激起新的热情。

如此说来，信仰宗教的人们大体也要学习——精确地说，学什么呢？宗教首先是一个关于物理世界的理论——这个理论关乎宇宙是如何形成的，什么使它保持运行，它会如何终结，以及住在里面的是什么样的东西（灵魂？天使？）。我料想真正的信徒一定对基础物理学有着强烈的兴趣——即便只是为了查出那些主流理论哪里有问题。我还能料想到和其他任何人相比，他们不会有更大的可能性去，比如说，对量子色动力学做个深入研究。我可以得出结论，通常经常去教堂的人并不是一个信徒。

同样地，对于神创论者来说，如果他们真的对生命的起源感兴趣的话，他们会去读达尔文的著作——或者更好是道金斯的书（因为他的书更简明，而且专门针对当代读者）。当你读了道金斯的《自私的基因》，然后还断然反对里面的内容，这个我还（勉强）能想象出来，但是如果说一个人对生命的起源怀有强烈的兴趣，而却对道金斯的观点无意了解的话，我根本无法想象。

当然了，问题就在于，一旦你熟知现代物理或现代生物所取得的巨大成功，你就很难继续做个虔诚的教徒了。正如心理学家保罗·布鲁姆（Paul Bloom）所指出的那样，“宗教一贯做出一些断言——关于地球的年龄，病态心灵的实质，物种的起源，意识的本质等——最后证明这些都是错的。”可以料想到最能够意识到这些错误的人该是那些对病态心灵的实质、物种的起源和意识的本质等最感兴趣的人。从中你也发现了矛盾所在：那些对物种起源、意识的本质和病态心灵的实质等深感兴趣的人往往更容易发现这些错误，因此他们倾向于反对宗教。对这些领域没那么感兴趣的人或许会接受宗教，但是他们也不会特别虔诚，因为他们对于宗教的那些东西并不是真的感兴趣。那么还有哪些人是虔诚的呢？

就算抛开这一切，那个普遍存在的信条证据何在？最好的证据就是那些所谓教徒的证词，调查数据显示有足足90%的美国人相信上帝。但是社会科学家早就知道原始调查数据几乎不能说明什么问题，因为大部分的受调查对象几乎没有兴趣去细细考量他们所信仰的宗教。某次调查显示有39%的纽约人表示他们要离开这个城市，“如果可以的话”。接受采访当日，这些人都在纽约，因此我们知道平日里至少有39%的人在对民意调查员说谎。

同样地，当调查分析师询问商人他们定价的目的是否为了追求利益最大化，通常几乎所有人的答案都是清一色的不是。当他们再被问道“如果改变价格，你们获取的利润会不会增加”，他们的答案还是清一色的否定。

如果人们不信上帝的话，他们为什么还说自己相信？请容我指出这一点：人们所说的东西他们自己并不是一直都相信。在选举日当天早晨，我打开新闻频道，看到一位国内政治家声称“谁赢了选举并不重要，重要的是所有的人都站出来参与投票”。在过去的六个月中，这位政客积极投身于选举，以确保他所在的阵营一定会赢。如果他觉得输赢不重要的话，他为什么还要费尽心思这么做？

有时候我们也会撒谎，有时候还会满口陈词滥调。当红袜队取得胜利时，许多无神论者也会感谢上帝，有时候还会许诺为一个生病的朋友祈祷（实际并不存在）。有时候我们说出来的只是直觉而不是内心的想法。有时候我们会责骂恐吓电脑，即便我们知道它们实际上并不会听到。

现在认知科学家会告诉你，事情没有那么简单——这要取决于你对信念是怎么定义的，大脑的不同部位完全有可能相信互相矛盾的东西。一部分会说“我觉得我还要再吃颗腰果”，然而另一部分会说“不能！你敢！”也许你大脑的某一部分确实相信电脑可以听见，即便那些其他更具思考能力的部分更明事理。当我说你有一瞬间不相信电脑的知觉，我的理由如下：如果在腰果这件事情上，你得赌上所有的财富（或者你孩子的命），往哪边下赌注就毫无疑问了。

保罗·布鲁姆有篇精彩的文章刊登在《大西洋月刊》，文中他列出了一个引人注目的理论，这个理论就是关于那些本能的念头。简言之，人类的大脑相当于包含了两台完全不同的电脑，在思考因果关系时，两台电脑运行的程序完全不一样。其中一个非常善于思考物质世界的因果关系（“他扣动了扳机，因此子弹飞了出去”），而另一个更擅长思考社交世界的因果关系（“他很生气，所以他扣动了扳机”）。用布鲁姆的话来说：“不同方面的理解能力（在孩童时期）发展速度各有不同：擅长社交的那个出现要比物质世界那个稍晚。”这两者在史前时期演化的时间点不同；许多物种和我们一样拥有对物质世界的认知，然而我们在社交方面的理解力是新近才有的一种适应力，从某些方面来看，这也许是人类专属的一种能力。我们的社会体系尤为倾向于寻找意图。根据布鲁姆的理论，当我们的社交系统尝试去理解物质现象的时候，神鬼信仰便出现了。比如说，是什么引起了龙卷风？社交系统就会执意这样重述这个问题：是谁想要龙卷风——而且原因是什么？这样问下来的话，你得随时准备挖掘出这个答案：是因为上帝生气了。

布鲁姆拿这个理论来说明为什么在美国有高达96%的人信教。我本人更倾向于认为这个理论可以拿来说明为什么有高达96%的美国人说他们信教。相信上帝存在的直觉和相信恶意软件的直觉或许来自大脑的同一个系统。但是人类相信事物的直觉不同于信念。

上帝和电脑比起来，重要的不同点是我们的实际生活需要电脑。如果你执着于自己本能的信念，认为你可以威胁电脑并使之屈服，那么你必定免不了要面对无尽的挫折。但是对于这个本能信念，即上帝洞察一切，通晓一切并引导一切，无论你是否坚信，都不会有什么后果——只要你别让它过多地影响你的行为就成。你可以跟民意调查员说你信或者不信上帝，不管是哪一种答案，他都会快速、确定地走开。

我钟爱的另一个作家是哲学家丹尼尔·丹尼特（Daniel Dennett），他写了一本极富思想的书，叫作《破除魔咒》（*Breaking the Spell*），书中他对宗教信仰的进化源头进行了探索。丹尼特说宗教信仰会繁殖，有时候它们会以一种轻微变异的形式再生，它们也受制于自然选择——确切讲就是那三个进化发生所必备的条件。丹尼特正在探讨的是宗教本身而不是宗教人士的进化，认识到这一点很重要，尽管两者的发展历史必然是相互交织的。因此，对宗教的进化源头进行探索和对宗教的进化“价值”进行探索根本就是两码事。丹尼特还说到普通感冒一定也发生了进化，但是这一进化并没有给人类带来什么价值。

我认为我们可以从此类探究中学到很多，虽然我的侧重点可能稍有不同。“为什么大部分人相信上帝？”当丹尼特这样提问时，我更喜欢这样问：“为什么大部分人会有一种强烈的直觉去相信上帝？”对于那些信教的人来说，他们会感觉这种直觉和实际信念正好是一样的。鉴于刚刚概述过原因，在我看来似乎大部分人同时还有很多的认知机器促使他们抛弃这个信念。

对外宣称自己信教对人们来说不是难事——比如对民意调查员和街坊邻居说，甚至对自己也是——仅限于当没有什么重要的东西会因此悬而未定时。不过信仰会影响人的行为。相信有地狱的人应该犯罪较少；相信天堂的人应该更喜欢冒险；一种宗教的信徒应该和另一种宗教的信徒以一种可预见的方式发生互动，相信上帝的人应该对备选项有着强烈的兴趣。这些影响都是可以得到验证的。只要细心收集到数据就可以驳倒这个假设，即宗教信仰分布范围广、接受程度深，对于这点我还是蛮有信心的。那么有没有例外呢？比如真正的发自内心深处的信教徒？大概是有的。像这样的有很多吗？我有点怀疑。

七　论显而易见的事物

我相信要直视眼中的事实，然后再否定它。

——盖瑞森·凯勒（Garrison Keillor）

你不会认为我们直接体验到的东西是最难被否定的。笛卡儿曾说过，即使你再多疑，甚至于怀疑外部世界的存在，你都不太可能怀疑自己的感觉是存在的。也许你正在想象冰激凌圣代，但是如果能尝一口的话，至少那个味道是真实的。

要否定明显存在的事物需要极其扭曲人的智力，但是绝对不要低估人的智力发生的扭曲。比如有一大群人——他们中的大部分学历很高，但不知怎的——他们曾尝试去否定这一现象，即他们和剩下的我们每一个人一同经历着每一天。

除了一两个患有精神分裂症的患者例外，没有人丝毫怀疑自由意志和超感官知觉真实存在，虽然有一波波的人大叫大嚷地对自己和别人说他们对这两者有所怀疑。在某个特定的社会阶层，否定进化论是一种时尚；而在别的社会阶层，否定超感官知觉也是一种时尚。不同之处在于，只要足够无知，人们就能否定进化论，然而只要是活着的人，没有谁可以怀疑超感官知觉的存在性。

我们先从自由意志说起。没有哪个大学二年级的学生会边交论文边否定说自由意志不存在，他们无一不是首先自己选择要这么做的。选择性行为和任何一种视觉或听觉感受一样，都是人类体验的基础。如果不能时时刻刻做出决定，你就不可能是一个有意识的人。如果不能对决定进行深思熟虑，结论还是如此。

这就是自由意志，你已经弄明白，而且你知道你已经拥有。那么为什么还会有人否定它的存在？这里我需要借助内省和记忆，因为我记得 16 岁那年我自己也曾否定过，或者说至少为此困扰过。论证过程大抵如下：至少从神经元层面来讲，本质上物理现象是确定不变的：假如你知道一个系统在星期一那天的状态，同时你拥有足够的计算能力，就可以确定无疑地预测下周五的时候这个系统的状态。[①] 人体也是一种物理对象。因此，当你知晓一个

① 量子力学可能会向这个方程式中引入一点随机性，但是这个随机性在此可能并没有什么关联，这是因为按理来说这些随机性不足以产生显著的影响，同时还因为，无论如何也不会有人想要把随机行为和自由意志等同起来。

人及其周遭的环境在周一那天所处的状态，同时你也有足够的计算能力，那么你就可以确定无疑地预测此人在下周五时的一切行为。那么，这里还有自由意志的空间吗？

最后提出的这个问题好像无法回答，然而其实答案很简单：周二、周三、周四和周五都有自由意志的空间，只要这个被研究对象做事情都是经过深思熟虑，然后最终才做出一切行为。那些缜密的思考是一种物理行为（基本上是由在脑中传递的化学和电信号组成，没准还有一部分要依靠一些铅笔记号，用来在拍纸本上列出“利”和“弊”两栏信息），最终这一思考也要遵循物理学定律。这就没问题了吧？

套用一下哲学家罗伯特·诺齐克（Robert Nozick）的话：决定论是真实的，而恒温器仍然可以控制温度。而且也没有人会否认恒温器可以控制温度。恒温器依照物理学定律运转，如果说要从亚原子层面进行分析，其复杂程度难以描述，但同时（幸运的是）也可以从一个更宏观、不那么精细的层面来展开分析，如此一来我们就能弄懂它的工作原理。同样地，决定论真实存在，而我们仍可以控制自己的生命。我们也是依照物理学定律来维持运行，虽然这些定律的复杂程度难以描述，但是我们可以借用诸如“意图”和“选择”这样的概念从更大、更笼统的层面进行分析。

是什么引发了2005年的卡特里娜飓风（Hurricane Katrina）？

从海洋表面升起的水蒸气凝结成云，同时释放热量，造成局部低气压，进而吸入空气，产生大风，引起水汽进一步蒸发并参与到循环中来。愚蠢的人可能不同意这样的说话，理由是过程根本就不是那样，蒸发只是一个极其复杂过程的简约术语，这一过程会牵涉到数以万亿的空气和水分子。这是当然。不过这也不能说明蒸发不是真实存在的。

是什么促使你决定在哲学课期末考试前夜喝得烂醉，还通宵看《神秘科学剧场》？答案是自由意志。愚蠢的人可能又会站出来否定，说自由意志根本不是这样，因为自由意志只是一个简约术语，用来指称一个极其复杂的过程，这一过程要涉及上百亿的神经细胞，然后神经元细胞又可以用千万亿的原子和百万兆的亚原子粒子来表述。不过那又怎样？你还是有自由意志，这一点你很清楚。

关于如何走出那时对自由意志的困惑这件事我有点模糊，可能和读了丹尼尔·丹尼特的书有点关系吧。不过，在这里我主要想表达的不是我们拥有自由意志，而是我们知道我们有自由意志；对于这一点，从内心最深处我们从没有片刻怀疑，然而我们还会犯蠢，对外宣称我们对它表示怀疑，甚至于——如果我们非常钻牛角尖，从开始就对一些事情想东想西——去说服自己相信一些我们绝不可能会信的东西。

我深信你每天都在体验自由意志，我猜想对于超感官知觉也是如此。反正我知道那些都是我的一部分。

对于一个圆的周长和其直径的比率，我的超感官知觉是介于3.1415和3.1416之间。更好的是，我还能超感知觉到这个比率正好是这个无穷序列极值的四倍：

$$1-\frac{1}{3}+\frac{1}{5}-\frac{1}{7}+\frac{1}{9}-\frac{1}{11}+\cdots$$

我对这些事实的感知是即时的，并且非常强烈、不容置疑，就如同我能一下感知到办公室附近路上的绿色标识，这些新绿标非常惹眼，用来提醒路人遵守人行横道。这种对事物的感知就是一种超感官知觉；这种感知建立在精神活动的基础上，而且完全发生在人的大脑内部，整个过程我的感觉器官没有输入任何信息。

你很有可能也具有这样的超感官知觉。毫无疑问，你能察觉到2加3等于5，虽然我不知道这算不算超感官知觉；有可能你是靠把两块石头和另三块摆在一起，然后看看发生了什么，从而得出的结果（即便是这样，它也是从感官数据向概括泛化迈出了一大步）。不过当你觉得（如果你有这样的感觉）质数有无限多个时，从根本上来说，这就是一种超感官知觉。当然了，你有可能是通过研究纸上的论述得出了这样的感觉——甚至有可能是研究了一下本书前面章节中关于质数的记载。但是你本来就能通过纯思考得出此结论，而且完全有可能欧几里德或他的先驱们也是这么做的。

无论你是否好好思考过算术的微妙之处，大概你会拥有一种强烈的感觉，那就是算术具有内在的一致性。不加以计算，你也可以非常确信234324324加9418438不等于243742762或者342859152。无论你是否相信质数有无限多个，你大概会相信质数不可能同时是有限或无限的。

除非你是数理逻辑方面的专家，要不然你不大可能知道怎么去证明算术的一致性，而且就算你是数理逻辑方面的专家，你也很清楚此类证明需要用到的原理绝不会比结论本身更容易接受——因此就算你愿意相信这个证明，你可能还是会直接跳过去看结论。[①]换句话来讲，你对于一致性的感知并不依靠证明。如果它不依附于证明，当然就不需要看见或听见那个证明。再换句话来说它纯粹就是一种超感官知觉。

每个人都知道这一点。确切来说，当一个人的思维足够精细到可以否定超感官知觉的存在，他的思维同时也可以足够精细地以超感官知觉的方式感觉到数学公理。如果你拿一种认知结构来

① 正如我在第一章中提到过，关于算术一致性的最好论证就是：算术是用来描述自然数的，从某些重要的意义上来说自然数都是真的。关于这一点我会在第九和第十章中大力举荐。但是我们对于自然数产生的意识本身就是一种超感知觉。

否定超感官知觉，那么你的认知结构也能体验到超感官知觉。

从这一点来讲，你可能忍不住要指责我，说我在玩愚蠢的文字游戏。归根结底，当人们说到超感官知觉的时候，并不是指通常意义上的超感官知觉；他们说的是某个特定种类的超感官知觉，和我举的那些数学例子完全不同。我朋友罗杰·施拉夫利（Roger Schlafly）是这样表述的："说你相信超感官知觉是因为你不需要运用理智就能感知到数学公理，这就跟你说你相信UFO（不明飞行物）是一样的，因为你相信世上有还未被识别的飞行物体。"

我很欣赏他的智慧，但是我觉得这个类比会完全产生误导作用。在我们的日常用语中，UFO指的是某个"被地球外的智慧生命所设计和控制"的物体。这样的物体只是逻辑上可能存在；我们可以持反对意见，而且如果能找到一个词来形容它们会很有用。

相比之下，日常用语中的超感官知觉这一术语通常指的是一种广泛的现象，它们只有两个共同特征：第一，它们是一种感觉；第二，它们是一种超感官知觉。这些现象中有些还有一个别的特征：它们从物理上来说可能存在。但是如果你打算用它的不可能性来定义超感官知觉，那么再讨论它自然就没有什么意义了。关于超感官知觉的现实性，人们确实进行过严肃的谈话。因此大家普遍接受的超感官知觉的定义不可以用到它的不可能性。与此同时，如果事物的不可能性不作为一个衡量标准，那么对于超感官知觉来说——这个术语的日常意义层面——人们对于数学的观点和见解就能作为一个很好的例子，就好比人们有千里眼和心灵感应一样。

自由意志也是如此。有些人总是拿自由意志的不可能性来定义它——然后再来讨论自由意志是否存在。这就好比在玩愚蠢的文字游戏！让我来加入点常识：如果按照定义你要求自由意志、超感官知觉或者其他任何东西是不可能的，那么它们就不存在。但是按照普通人在日常生活中的一般定义，这些东西不仅存在，而且确凿无疑。生活中人们还一直去否定这些东西实际上就是一种很奇怪的现象。

类似的思虑也适用于“来世”这一说法。从某个层面来讲，这个问题微不足道：你不能相信字面上的死后还有生命，就如同你不会相信有一个又圆又方的广场，或者一个已婚的单身汉；死亡被定义为生命的终止。如果你还活着，你就没有死。

所以当有人问你“你相信死后会有来世吗？”，从字面上来讲他们问的不是这个问题。那么，他们又是什么意思呢？

显然，他们的意思是：“你是否相信如果你周日去世，而你的意识周一还在？”这样的话答案很明显不是肯定就是否定，而是或不是要取决于你说的意识指的是什么。

提一个类似的问题：我有一床被子，上面是美丽的几何图案，独一无二。如果我的被子在周日的一场大火中烧了，那么下周一这个图案还在吗？

答案取决于你所说的“那个图案”指的是什么。如果你指的是一种抽象的数学结构——比如按照某些复杂的规则，三角形上面覆盖着圆圈——那么，大火当然毁不掉这个图案。图案的存在不限定在某些特定时刻，也不限定在某些特定的地点。问一个抽象的图案周一还在不在就如同问它是否存在于内布拉斯加州一样没有什么意义。它一直都在。

但是假如说你指的是这个图案的一个特定的实体——比如根据图案的规则用一团彩色的线编织出来的图案——那么这场大火铁定把这个图案烧掉了。毫无疑问。

同样地，你的“意识”可能指的是一个抽象的模式，包含各种连接和刺激—反应规则，或者指的是构成你大脑的那个模式的特定实体。那么你死后这个模式还存在吗？我要说不是的，但这仅仅是因为在你死之前它也不存在；它存在于时间之外。你的死和它无关。那时你的大脑还存在吗？当然没了，至少你死后一段时间它就会开始腐烂。

人们关于来世这个问题似乎想得更多，但是我想不到他们还能再说些什么。我猜，他们也不能。

八　第欧根尼的噩梦

我永远不会为信念而死，因为我的信念有可能是错的。

——伯特兰·罗素（Bertrand Russell）

我一直在思考，所以我有可能会犯错。

——沙龙·菲尼克（Sharon Fenick）

有人一直在把国家的秘密透露给一个恐怖组织。由于命运的机缘巧合，你得担负起这个责任，找出最有可能的罪魁祸首。你那两个最优秀的特工，个个都是诚实的真理追寻者，他们已经着手调查这个案子，而且已经前往你的办公室提交报告：

特工 86：我不能跟你说我找到的证据，但是我非常确定元凶是一个叫卷毛的男性。

特工 99：我也不能和你说我的证据，但是我非常确定罪魁祸首是一个叫闪扑的男性。

根据你所听到的内容，谁更有可能是罪魁祸首？

毫无疑问你也有过这样的经历：某天你偶然碰到一个聪明而且知识渊博的朋友，过一小会儿你俩就开始争执，但气氛很友好。各种话题接连而至，谁最有可能赢得世界职业棒球大赛或下个大选？全球变暖是一个严重的问题吗？你表弟佛瑞德喜欢我妹妹威尔玛吗？北美驯鹿和圣诞驯鹿是一样的吗？你们争论了一会儿，双方都没有改变看法，不过你们还是欣然同意各自保留不同意见。

在争论的过程中，你俩都向对方分享了自己手头所有的相关依据。你俩都足够聪明，拎得清这些依据能说明什么和不能说明什么。因此你们俩怎么可能真的起争执？

当两台运行良好的电脑同时运行同样的程序，接受同样的输入时，它们输出的结果就会一样。同样地，你也许会设想当两个有思想的人运用同样的逻辑法则去分析相同的依据，他们应该会得出完全相同的结论。有时候得出的结论不那么确定（“扬基队有可能会赢得世界职业棒球大赛”），有时候——若依据带有一定误导性的话——就可能得出错误的结论，但是最起码这个结论应该是可以互相分享的。

这个故事的寓意是告诉人们，你和你的朋友都不是逻辑机器，至少目前是这样。你的种种观点除了受逻辑和依据影响外，一定还受别的什么东西影响。你们两个人中至少有一个还会依靠这些东西，比如直觉、启示、超感官知觉或者怀旧范儿的固执。

我并不是特别喜欢这个寓意。我常常会想，除了纯粹的数学之外，我的大部分信念都是牢牢植根于逻辑和依据。其他时候，我喜欢这样想，我在舞池里看来很不错。

话说回来，虽然那个寓意可能有点令人烦扰，但是一个更深层次的寓意就在眼前：那些前后不一不光证明我们不是逻辑机器；它们还说明我们根本就不诚实，这是因为我们都不关心自己的立场是否正确。

我打算用几页来讲下那个更深层次的寓意。假如我们就是逻辑机器，我们得说点令人惊奇的关于我们如何行事的东西，这是第一步。

之前我已经指出过两台逻辑机器分析同一个证据应该会得出相同的结论。但是那个诺贝尔奖得主和博弈理论家罗伯特·约翰·奥曼（Robert John Aumann）做出的观察报告更令人吃惊，他说两台逻辑机器分析完全不同的证据一定仍然得出相同的结论——只要他们能明白彼此的观点。

我来解释下。

假设我有充分的理由把赌注押给扬基队，你也有充分但完全不同的理由把赌注押给红袜队。我不知道你的理由是什么，你也不清楚我的。然而，就在我听到你把赌注押给红袜队的那一刻，我竟质疑我对扬基队的信念。这是真的，我并不知道你为什么要押红袜队——但是你一定有些许理由。因此，说穿了，我为什么要相信自己的观点而不相信你的呢？

那么以下就是原因：也许我有某些充分的理由坚持扬基队（也许我去看病的那个医生正好也在给红袜队最优秀的开局投手治疗滑囊炎）。所以我要坚持扬基队。我一宣布要支持扬基队，你可能就会推断我这样想一定有什么充足的理由。你并不知道那些理由是什么，但是你知道我认为它们相当有说服力——足够充分到能够压住我听到你支持红袜队时短暂的震惊。现在你的信念开始动摇。你还坚持自己的观点吗？如果是的话，我就知道你一定有非常充分的理由，这会进一步动摇我的信念。我还要坚持扬基队吗？除非我的理由特别特别充分，这样的话，你也就知道我的理由非常非常充分。因此我们的对话大致如下：

你：我赌红袜队赢。

我：我知道了。但是我赌扬基队赢。

你：我听清你说的了，但是我还是要支持红袜队。

我：我坚持扬基队。

你：我坚持红袜队。

我：扬基队。

你：红袜队。

我：扬基队。

你：红袜队。

我：好吧。我也赌红袜队。

尽管表象看起来并非如此，这段对话的每一阶段都有新的信息传达出来。当你开始说“我赌红袜队赢”，对于你有几成把握我还不太清楚——但是这仍然足够撼动我对扬基队的信心，至少撼动了那么一点点。当我宣布支持扬基队时，你的信心也开始动摇，即便是你的信心有所动摇但是你还坚持红袜队。现在我知道了你的理由一定很充分。但我的理由也很充分，所以我还坚持扬基队，这进一步动摇了你的信心。另一轮对话中你还是支持红袜队，这一下你等于向我展示你的理由必然是非常充分。

“即便我知道你支持红袜队，我仍然坚持我的扬基队”只意味着一件事情。“即便我知道你知道我知道你支持红袜队，我仍要支持扬基队”包含的意思就强烈多了。你越是重申“红袜队”，我就越是怀疑“扬基队”；即使有所怀疑，但我我越是重申“扬基队”，你就越怀疑“红袜队”。最终，证据更弱的一方让步。[①]

最后那一句——“最终，证据更弱的一方让步”——需要证明，而证明就需要更复杂的数学知识，这些知识在本书中出现不合适。这就是我们需要从奥曼的著作中学习的地方；如果你很有兴趣看到这些数学知识的话，在谷歌上输入“奥曼（Aumann）”加“不一致的达成（agreeing to disagree）”。

更确切地来讲，奥曼教授证明上述对话最后不能以和而不同结尾。这样的话就有两种可能性：要么在对话结束时双方达成一致意见，要么我们就会像陷入没完没了的蒙提派森（Monty Python）式的喜剧小品一样（“扬基队！”“红袜队！”“扬基队！”“红袜队！”）。但是奥曼教授的文章出版后不久，经济学家约翰·吉纳考普劳斯（John Geanakoplos）和赫拉克勒斯·伯里马卡吉斯（Herakles Polemarchakis）通过证明这个对话不会一直进行下去而排除了第二种可能，对话最后必定会达成一致。

现实世界中发生的对话结束时并不总是会达成一致。为什么不会呢？其中一个猜想是这样的，要得出个一致结论太花时间，不值得。没有人仅仅为了找出谁对谁错，而能够耐着性子一直进

① 更确切地讲，每个人都有让步。一开始，我觉得红袜队赢得可能性有20%，你觉得红袜队赢的概率有90%。结束时，我们一致同意红袜队赢的可能性为70%。

行完两千万个回合的争论“扬基队！”“红袜队！”“扬基队！”“红袜队！”；当这样的对话结束的时候，世界职业棒球大赛也该结束了。但是计算机科学家斯科特·阿伦森（Scott Aaronson）基本上解决了这个漏洞，他证明只要对话双方都是诚实的，过了一段合理的时间就能得出一致结论。

那么为什么我们常常不能达成一致呢？也许是因为我们不够诚实吧。一会儿我还会回到这一想法，但是首先我得指出我们已经得到了破解本章开头那个难题的工具。如果那俩特工递交的报告都装在密封的信封里的话，那么他们（就目前你知道的情况来看）应该同样诚实。但实际情况并不是这样的。特工 86 先开始，他说他相信卷毛就是罪魁祸首。这就意味着他的理由非常充分；那么他的把握至少也得有，比如说七成。即便在听到特工 86 截然相反的观点后，特工 99 还是告诉你说她认为闪扑是真凶。她对自己那么确定，所以特工 99 手中的证据最起码有，比如说八成把握。没有办法确定谁的证据更有力一些，但是如果你一定要碰运气的话，你应该会选特工 99。

现在，如果特工 86 反过来又说“我仍然坚持真凶是卷毛”——即便我知道特工 99 的证据至少有八成把握——你就可以推断出特工 86 的证据至少有，比如说 8.5 成把握，这时候你就该偏向特工 86。但如果特工 99 又回来说“我还是觉得是闪扑”，这时你应该倒回偏向特工 99。不过没有必要对此做过多的思考；你只消让两个特工争论到底，最后他们一定会达成一致的结论。

这个理论就是这样。当然了，在现实世界中，两个特工的防御性比较强，若你怀疑他们，他们会鄙视你，还会相互诋毁对方的能力。几乎最后的必然结论就是至少其中有一个——更有可能的是两个人都——是为了炫耀而不是一个诚实的真理追求者。

同样地，对我们这些生活在现实世界中的人们也是如此。有可能你今天不同意某个人的观点，然后没有解决分歧就走开了。[①]我不得不做出以下结论：你们俩人中至少有一个不是诚实的真理追求者。很有可能昨天或前天就发生过同样的事情。在你的整个社交圈中，要么你是唯一的一个诚实的真理追求者，要么你就和我们其余的人一样堕落。

如果我上述论证没问题的话，那么诚实地追求真理这一行为想必几乎就极其罕见了。这一令人不安的结论激励许多经济学家加班加点，努力寻找奥曼论证中的逻辑漏洞。

第一个可能的漏洞：我们对真理的追求不光以逻辑和证据为指

---

① “我觉得浴室应该是蓝色，不是粉色”并不算是一种分歧；我们事实上一致同意我觉得蓝色更好看，你觉得粉色更好看。对于这样的讨论，唯一有关的分歧都是关于实际的事情，无关个人品味。不过我还是坚信过去一天左右的时间里你肯定和某人因为某个事实产生过分歧。

南，我们也依靠（有时候以错误的方式，可能有时候不会）直觉、启示和超感官知觉。如果说我相信上帝用七天的时间创造了这个世界的信念是基于一定根据的话，我就可以指着这个证据说："看这儿！"但是如果我的信念是基于某种启示的话，我就无所可指了。我已经得到了某种启示；而你也得到了启示，正好和我的相反；我们都老老实实地相信我们得到的启示是正确的，没有妥协的余地。

错的不错，但还是不对。即便是当我们需要依靠某种启示时，我们也不得不问问：为什么我更相信自己得到的启示而不是你的？诚然，我得到启示的途径使得这一启示比较肯定，但是你得到你的启示时也很肯定。那么我为什么要相信自己这边的肯定性而不是你那边的呢？

所有那些适用于证据的论证同样也非常适用于启示。每次当我重申得到的启示时，我就展示出一种更高的确定性；即使每次知道了我的高确定性，你还重申自己的启示时，你所展示出的确定性比我的更高。这个过程会不断升级，直到有一方做出退让——就像证据的论证过程一样。[①]这也适用于混合案例中，比如说，我依靠的

---

① 对于那些贝叶斯学习理论家来说，这一观测的正式表达方式可归结为："为什么我要优先信任自己的而不是你的？"（如果你不是贝叶斯学习理论家，请务必跳过这一注释。）对于更为详细的讨论，请参照附录部分中的参考文献，尤其是罗宾·汉森（Robin Hanson）的著作。

是我得到的启示，而你依靠的是证据，或者我们两者都有。

那么可能还会有什么别的漏洞呢？我们讨论没有结果，或许是不是因为尽管我们都诚实，我们却犯了一些逻辑错误，或者尽管我们努力了，但我们还是不能完全理解摆在我们眼前的证据？经济学家罗宾·汉森已经强调过，这样的漏洞根本就不是漏洞，本质上来说，如果存在犯逻辑错误或者曲解证据的可能，诚实的真理追求者会进行自我纠正。

汉森做出的最佳猜测如下：分歧之所以一直有是因为我们往往高估了自己的智力，由此往往太过重视自己的观点。这一现象在学术圈一直就有。每一年，我所在院系的同事们都要花大量的时间——有几个月大概有一半的时间——去评估学院岗位求职者的任职资历。与此同时，麻省理工学院和斯坦福大学在评估的差不多是同一拨求职者。然而我们还是坚持给那些我们认为最优秀的求职者工作机会，正好和斯坦福的同事们认为的最优秀的求职者相反——即便是在对求职者做出评判时，他们可以和我们一样胜任。我们本来可以节省很多时间和精力，因为我们只需要宣布一项政策就够了：只要你能得到斯坦福大学的工作邀请，我们非常乐意接受你来我们这工作。

当然了，对自己观点无正当理由的自信也属于另一种形式的不诚实。如果特工 99 认为特工 86 是一个笨蛋，那么特工 86 至少应该考虑一下特工 99 说的有可能是对的。最终，他们应该能够争论出谁更聪明。

但是在我们的进化史上，也许会有些东西——不让我们承认——甚至对自己也不行——我们有可能是笨蛋。承认自己是笨蛋对于吸引异性来说可不是什么好的策略。

从另一方面来说，许多争论最后确实会以结论一致结束。比如说刑事陪审团常常通过一致裁定统一意见。学术论坛（至少在我所熟知的那些院系里）是一个产生尖锐分歧的场所，不过大部分时候我们都会刨根问底，直到大家都弄清楚到底谁对谁错。

尽管如此，我们并不是靠不断重申自己的立场直至有一方退步才能达成共识，而我们靠的是不断阐明自己的推理过程，直到我们弄懂彼此的意思。我们这样做首先是因为相对于结论，我们对推理过程更感兴趣。事实上，我们特别渴望了解彼此的推理过程，因此常常会故意唱反调。如果一个杰出的数学家多年来一直潜心研究一个问题，然后他跟我说某个特定的方程式没有解法，这个我信。但是如果我想了解他的推理过程，我很有可能就会要求他用语言给出解释，消除我那个虚假的疑问。我会说“在你的论证中，这一步讲不通啊”，即便我很确定，一旦给出解释，这一点就完全说得通。

有时候我甚至会说“我不相信你”，其实我真正的意思是“我想你也许是对的，但是我还不明白为什么”。因此这个明显的分歧实际上根本就不是分歧。

那么，学者们动辄就要当“不诚实的真理追求者”——我们总是选择一个对立的立场，进而满心希望我们从这个立场撤退。相比之下，律师的做法就非常不同。你绝不可能听到一个辩护律师这样说：“天哪，你说得对！我以前从未这么想过！”理由当然是因为就像他们自己首先承认的，他们根本就不是真理追求者。只有当你成功地改变了别人的想法，你才能在法庭里度过愉快的一天。而当别人改变了你的想法，你就能在研讨室度过愉快的一天。

我更喜欢后面那种情况，这就是为什么我选择了从事学术。但是我能想象的倒在某些情境下，对于某些问题，律师们所采用的方法——两个不诚实的律师向一个（可能）诚实的陪审团提交论据以供审查——有可能是一种有效的发现真理的途径。

律师不诚实是因为有人花钱让他们这么做，而他们不能得出一致结论至少部分是因为他们不诚实。但是这又给我们留下了个令人烦恼的难题：为什么在其他行业中，得出个共识就这么稀罕？为什么专业赌徒总是互赌，而不是像对待自己的观点那样认真对待对方的观点？当所有的钱都摆上桌，你会期待他们努力做出正确的选择。

我猜答案是这样的：赌徒参加赌博不仅仅是为了钱。他们这样做是因为当对方弄错，自己还能博得个料事如神的美誉。他们需要不时摆出一个反向的姿态才能赢得那个美誉。对股票市场投资者来说也是一样的。几乎所有的经济学家都一致认为如果你想赚大钱，尝试去“获得高于市场平均数的收益”的做法很疯狂；吹捧一个人确实能“获得高于市场平均数的收益”就如同吹捧一个人能够连续做20个头翻。然而，人们还是大肆鼓吹那些获得高于市场平均收益的人。如果你想让别人赞美你投资眼光卓尔不群，你就得和大众唱反调——然后你就祈祷好运吧。

又或者可能因为赌徒们和股票市场投资者仅仅有点迷信或者不理性。那么物理学家呢？[①]找两个理论物理学家问下弦理论是否有可能会产生富有成效的洞察力，你将会得到三个不同的答案。[②]他们看到的都是同一个证据，为什么他们的观点不全都一样呢？

你可能会回复说那是因为还没有足够的证据去得出一个最终的确定答案，但是这并没有抓住要领。确实，要想证明对弦理

① 物理学家当然从来不会搞迷信。量子力学创建人之一尼尔斯·波尔（Niels Bohr）是二十世纪最伟大的物理学家之一，在他家门上装了一个马蹄铁以求好运。他解释说过去他是不信的，但是他听说即便是你不信的话，它也会应验。

② 弦理论是现代物理学的一个分支——非常粗略地来讲——这个理论假定宇宙中存在很小的线状的弦，这些弦的振动能够在物体中产生物质，就和吉他的弦振动产生音乐的方式一样。

论完全相信或拒绝还没有足够的证据——但我们很可能有足够的证据去支持某种程度的乐观主义或悲观主义。同一个证据怎么可能既支持一些科学家的乐观主义，又支持另一些科学家的悲观主义？大概这就和那些赌徒或者股票市场投资者，甚至于经济学家一样，相对于发现真理得到的荣誉，有时候物理学家会更在乎因击败对手而得到的荣誉。

The Big Questions

第三部分

知识

有些信念至关重要。尽你所能去相信自由意志或自由贸易吧，但是请不要相信踩油门会让你的车减速。正确理解这些很重要——我们就是这么做的。

我的地下室里有一台热水器。楼上的洗手间里有个淋浴小隔间。热水是怎么到达淋浴喷头的呢？根据最近的一个非正式调查（在我每天中午就餐的大厅里进行，六个人都是博士），经济学家认为“那有个水泵”。没有水管工会赞同这个错觉。另一方面，世界上有很多水管工，他们都认为贸易保护主义会使我们更富有。因为我们的时间和精力有限，所以只有少数事情弄对了，多数事情都弄错了。[①]

当把事情弄对具有重要意义时，我们就会试着用实际知识来取代纯粹的信仰。在接下来的几章中，我将会讲讲知识从哪里来：数学的洞察力（第九章到第十一章），逻辑推理（第十二章），以及对证据的分析（第十三章）。第十四章和十五章讲的是由量子物理学施加于知识的界限（如果有的话）。

在这个过程中，哥德尔的不完全定理我也会谈到一点，还有大数的学问、数学所有领域中最违反直觉的定理、为什么世界被过度污染了、学前教育的重要性、网络色情造成的影响、海森堡的不确定性原理，以及为什么博弈理论家会在意量子世界的奇怪特征。

---

① 我的同事马克·比尔斯（Mark Bils）说我的这个热水抽水泵调查提出了一个棘手的经济学问题，即：当你明明只需要敲开别人家的门，并提出为其检查热水器的水泵就能维持生活时，这个世界上怎么可能会有正数的失业率？你走到地下室，抽根烟，然后回到楼上，宣布这个水泵看着还好好的，还能用两年，然后你就收费 30 美元。

九　了解数学

因为数学始终如一，所以上帝存在，而且魔鬼也存在，因为我们无法证明。

——安德烈·威尔（Andre Weil）

如果把“宗教”定义为一个观念体系，里面包含了一些无法证明的陈述，那么哥德尔教诲我们数学不仅是一种宗教，而且是唯一一种可以证明自身是宗教的宗教。

——约翰·巴罗（John Barrow）

我把一列数字加了两次，得出两个不同的答案，我相信我一定算错了。这是因为我相信算术具有一致性，它不会自相矛盾。

我为什么要相信数字而不是自己呢？以下就是人人都知晓的最令人信服的论证：数学法则肯定是具有一致性的，因为它们在逻辑上都是真实存在的，在逻辑上真实存在的论断不会相互矛盾。

要接受这一论证，你必须得相信运算法则为真。[①]要接受这一点，你必须得相信运算法则与某些东西有关。只要世界上存在数字这个东西，“一列数字只能有一个总和”这个陈述就为真。

还有一些别的方法可以证明算术的一致性，但是与进行简单观察，从而得出自然数存在并且运算法则逻辑上为真相比，其他证明办法都得基于那些不太能够达到不证自明境界的原理（因而显得更加不可信）。如果你跟99.8%的数学研究者一样，跟99.8%的用过计算器的人一样，就会相信数学法则的一致性，这几乎肯定是因为我们发自内心地相信自然数从某种重要意义上来说是真实存在的。

诚然，“真实”这个词用在这里有些含糊。如果我们想理解得更深刻一点，让我们给它下一个定义：“自然数是真实存在的”就意味着数学法则是具有一致性的。

和你一样，我也相信自然数字是真的。和你一样，关于这个信念我的依据也是量少且珍贵。没错，这辈子我确实一直在和数字打交道，但我还从来没发现有过不一致的地方。但是这个证据微乎其微，可忽略不计：我接触过的所有数字都具有高度的非典型性。四位数、五位数或者六位数的数字都算过加法，但是我还从来没有算

① 稍后我会在本章中把这些“运算法则”列出来。

过百万位数字列的加法。然而几乎所有的数字都比百万位数字大。因此我并没有直接的证据来说明大部分数字是什么样的。

顽固的怀疑论者也许会做出这样的结论：因为我们没有接触过大数字，我们无法判断它们是否表现得具有一致性，甚至我们根本就不知道它们存不存在。这个顽固的怀疑论者就是亚历山大·叶塞林–沃尔平（Alexander Yessenin-Volpin），他是一位古怪的数学家，还是一位勇敢的苏联时代的异议分子，因为写了“反苏诗歌”在精神病院待过一段时间。根据叶塞林–沃尔平的观点，我们应该只去关注那些“小到足够让人思考的地步”的数字。这一学说被称为“极端有限主义”，不过很少有数学家去认真对待它。

为了反驳这种极端有限主义，主流数学家也许会提出这样的问题：“我们究竟如何来判断哪些数字属于‘小到足够让人思考的地步’的范畴呢？或许一两位的数字算，而30位的数字就不算。那么，界限到底应该是多少位？”

这位主流数学家就是哈维·弗里德曼（Harvey Friedman），他非常有名，不仅是因为他在数学逻辑上做出的贡献，还因为他在还不到19岁的时候就被斯坦福大学聘为教授。弗里德曼曾试图批驳叶塞林–沃尔平的理论。以下就是他对事情的描述：

我从2开始，询问他这个数字是否“真实”或者能让人感到

‘真实’的效果。他几乎立即表示同意。然后我询问4，他仍然同意，但感觉略有停顿。接下来是8，他还是同意，但更加犹疑。反复多次这样做，直到他处理这种讨论的方式已经很明显了。当然，他已经准备好回答‘是’了，尽管他在面对2的100次方时要比面对2时犹疑得多。（2的100次方就是一个30位的数字。）除此之外，我也没办法这么快就得到这个结果。

最后，弗里德曼和叶塞林–沃尔平决定求同存异。

几乎每个数学家在面对大数字的真实性时都与弗里德曼持有相同的立场。除了叶塞林–沃尔平本人，几乎没有人称自己是极端有限主义者。我们不但相信数学法则，也相信代数、几何和数学的其他部分是真实可信的。但我们几乎没有丝毫逻辑理念和证据来支持这种信念。①

那么，我们的信念必须依赖于一些其他的基础，我们称之为信仰、直觉、本能、启示或者“超感官知觉”（我不太确定这些里面有多少其实是同一个事物，只是叫法不同）等。这样说也许只

① 经过再三思考，没有逻辑和证据的帮助我们也能了解事物，这点似乎也不足为奇。毕竟，蜘蛛知道如何织网，并不需要去寻找“第一定理”来推断出织网技术或者认真观察其他蜘蛛的工作过程以便推断出来。你可能会争论说蜘蛛的本能是无意识的，因此不能算作知识，但是如果蜘蛛天生就能织网，从原则上来讲，我找不到反对人们硬生生地理解数学的理由。

是人们的错觉——或者是一个真理——正好按照人的大脑的连接方式成为大脑（至少我的大脑）的组成部分。那么，从某种意义上来说，我对算术的了解和教皇（传说中的）对上帝的了解位于同一个基础上。我可以自信地说，两者之间最关键的不同是，我是对的，而教皇是错的。[①]

人们宣称能直接了解到上帝，质疑这点的一个重要原因是，他们很难在一些细节上达成一致。不可否认，可能从狭义的角度来讲，同样的告诫也适用于像我一样的人，我们都宣称可以直接了解数学。哪些数学真相可以明显地被直觉理解到这个问题已经由不同的人在不同时代和地点以不同的方式回答过了。1888 年，伟大的德国数学家大卫·希尔伯特（David Hilbert）证明了自己的"基础命题"，这个命题为现代代数的大部分奠定了基础。他通过"将无限集合的无限集当成具体的对象"这一前所未有的创举得出了证明，同时代的保罗·戈尔丹（Paul Gordan）对此嘲笑说："这好像不是数学，它是神学。"然而，这一方法几年后就带来了丰硕的研究成果，甚至戈尔丹也不得不承认"神学也有用处"。

1888 年的时候希尔伯特的证明方法还颇有争议，但是 10 年之后就成了一股主流；现如今几乎没有哪个数学家（叶塞林–沃尔平除外）会质疑这些方法。叶塞林–沃尔平会接受的范围、戈

① 关于这一点在第十三章中会再讲一些。

尔丹和希尔伯特过去所接受的范围以及我们现在大部分人所接受的范围之间有相当大的差距。我自己对现代代数的信念——对得出希尔伯特基础命题的方法的信念——都非常强烈，虽然可能不会像我对基础运算的一致性的信念那样强烈。

但是究其核心，古往今来人的数学直觉并没有发生什么实质性的变化。关于数数和算术的一些基本事实，毕达哥拉斯（Pythagoras）凭感觉“就知道”的和我们凭直觉就知道的分毫不差。欧几里德关于证据的观点和我们的也相关不大。虽然欧几里德的证据在现在看来有些不充分，但是如果当时有人指出来的话，欧几里德本人也会承认的。欧几里德的东西有时候不符合现代标准，但那并不是因为他的标准有所不同，是因为他出了一些差错。我们所有人都是如此。

换句话来说，数千年来，我们掌握的那些不证自明的数学真理几乎没有什么变化。在学习算术的时候，我们会把这些真理挑出来，称之为“公理”。算术公理有无限多个；然而，如果你感兴趣的话，我可以一一为你描述。（如果你不感兴趣的话，请务必直接跳过这一两页。）

下面是前四个公理：

- 0 是一个数字。
- 每一个数字后面都紧跟一个数字。
- 没有哪两个数字后面紧跟的数字相同。
- 0 不紧跟在任何数字后面。

这是其四，接着还有无数个。下面再从其他公理中挑一些：

- 如果偶数存在，那么必定存在最小的偶数。
- 如果质数存在，那么必定存在最小的质数。
- 如果存在数字可以用不同的方法写成两个立方数之和，那么必定存在一个可以用不同的方法写成两个立方数之和的最小数。
- 如果存在数字不等于它本身的话，那么一定存在一个最小的不等于它本身的数字。

我们还可以依次类推下去。你能想起来的关于数字的任何一种属性（例如“偶数”或者“质数”，或者“能够用不同的方法写成两个立方数之和”或者“不等于它本身”），都有一个对应的公理。顺便提一下，最小的偶数是 0，最小的质数是 2，最小的可用不同的方法写成两个立方数之和的数字是 1729（1729 等于 1 的立方加上 12 的立方，同时还等于 9 的立方加上 10 的立方），没有哪个数字不等于它自身。

这个无限系列就是算术公理的完整列表。当我提到这个公理列表的时候，我的意思是那个通用的列表。我当然也欢迎你加入比赛，继续往下写。早在一个世纪前意大利逻辑学家朱塞佩·皮亚诺（Giuseppe Peano）第一个写下了这一特别的列表，人们通常称作皮亚诺公理。

以皮亚诺公理作为起点，然后再借用逻辑规则，我们就能证明一些定理。例如，我们可以证明两个偶数的和还是偶数，每个数都可以被分解成几个质数，以及没有最大的质数。我们知道这些定理都是真的是因为它们是从公理按照逻辑得出的，并且那些公理是真的。但这可不是定理为真的原因；两个偶数之和还会是偶数，不管这个事实是不是恰好由我们（或者皮亚诺教授）选择写下来的那些公理得出。

关于数学事实的问题都是真的。而其是否可被证明则取决于我们（有时候是任意的）所选的公理。

实际上，库尔特·哥德尔（Kurt Gödel）在他那著名的不完全性定理中针对算术中的一句话，举了一个明显的例子，这句话是真的，但无法证明。他的这个例子太复杂，不适宜收录在此，但是我将在下一章中提供一个同样好的例子。

如果哥德尔的那句话无法证实，他是如何知道其为真呢？答案：他知道是真，是因为他有过证明。不过他“作弊了”，因为他用了另外一个公理，并不在皮亚诺公理列表上。

来说说那个额外的公理，我们将它称为超级公理：皮亚诺公理都是一致的。也就是说你不能用他的公理去证明自相矛盾的内容，例如“不是所有的偶数都是偶数”。

写一串前后矛盾的公理很简单，比如说你可以拿“零不等于一”作为第一公理，然后“零等于一”作为第二个。这两个公理相互矛盾，你能够使它们相互矛盾的原因是，其中有一个为假。

然而，皮亚诺公理不可能互相矛盾，这是因为他所有的公理都是真的。因此，那个超级公理为真，所有由此得出的内容也为真。哥德尔发现的那个句子一方面由皮亚诺公理加超级公理得出（因此我们知道它是真的），但是另一方面，它又不是只由皮亚诺公理得出（因此按照通常标准，它又是不可证明的）。

你感觉被骗了吗？哥德尔那个著名的“无法证明的”句子实际上是可以证明的——只要你让自己去用下那个完全没有争议的超级公理就行了。

因此，让我们把这个超级公理添加到我们的公理列表上来。现在的话，哥德尔的那个句子既是真的，又是可以正式证明的——就跟这个句子一样，“一加一等于二”，它既是真的，又是可以证明的。这里并没有什么不同寻常的东西。那么哥德尔的伟大成就在哪儿呢？

哥德尔回复到“只管说下去”，“把超级公理添加到皮亚诺公理列表。现在你能够证明我那个句子。但是我将给出一个新句子的例子——即使你用上这个新的、更长的公理列表也无法去证明它。而且我的这个新的句子也是真的”。

哥德尔是怎么知道他的新句子是真的呢？因为他去证明了！这次他又用了一个别的新的公理来“作弊”——我们称它为超超级公理：扩展了的公理列表——也就是说皮亚诺公理列表加超级公理——仍然具有一致性。

这个超超级公理为真，是因为包括超级公理在内的所有公理都是真的。哥德尔的新句子为真，因为他可以用这个超超级公理来证明。但是你却不能，因为这个超超级公理不在你的公理列表上。

我们来回顾一下：你从皮亚诺公理开始。然后哥德尔给了你一个句子，它是真的但你却不能证明。但是他用超级公理做出了证明。之后你说：“好吧，我将把这个超级公理添加到我的公理列表上；现在我也可以证明你的句子了。”哥德尔回复：“好吧。我将给你一个新的、证明不了的句子——即便用上你那个新的、自由化的证据规则也不行。”然后他用超超级公理来证明了这个新句子。

自然，你的下一个开场白就是把这个超超级公理添加到你的公理列表上。哥德尔的下一步棋必然是再找出一个新的、你无法证明的句子，即便是用上超超级公理也不行。他知道这个句子是真的，因为他已经用一个超超超级公理证明了。我们就这样一直下去。（实际上哥德尔的确也证明了他可以永远继续下去。）

没有哪一个公理列表可以来证明算数中所有为真的句子，这是哥德尔定理内容的一半。[①]仅这一点就能告诉你为真的东西和可证明的东西之间是有差别的。

我们来概括下：算术上存在陈述内容为真的东西。“真的”并不意味着“可证明”。相反，这里指的是普通意义上的“真的”。但是要想为真，这些陈述就必须是关于某些事物的，这里的某些事物就是自然数字这一体系。此外，这些陈述在任何人能够想到之前就是真的，而且不管曾经有没有人能够想到都将是真的。因此，自然数字在有人能够想到之前很久就已经存在了，而且不管曾经有没有人能够想得到，它都存在。在本书的第一章，上述观察便是其中心论点。

---

① 如果你很聪明，你可能会忍不住把算术中所有真的句子拿出来作为公理。于是每一个为真的句子都有一个单行证据。你怎么来证明两个偶数的和还是偶数？答案：这是个公理！你怎么能证明不存在最大的质数？答案：还是公理！但是这种托词行不通。问题就在于按照这一方法，我们没有办法来辨别什么是公理，什么不是。每一个偶数是两个质数之和这句话是不是公理呢？答案：当且仅当它是真的，它就是一个公理——但是我们没有办法来辨别它是否为真，因此也就没有办法断定它是不是一个公理。游戏规则是这样的：你能够用任何你想用的公理，前提是有一个清晰的规则来判定什么是公理，什么不是。有了这个标准，我们可以说一列为真的句子并不等于是一列公理。

十　赫拉克勒斯和九头蛇怪

即便赫拉克勒斯用铁棍敲碎水蛇的头也毫无益处，因为每砍掉一个头，断处就会长出两个新头。

——（希腊）阿波罗多罗斯（Apollodorus）

在上一章中，我答应过给你描述一个数学领域中正确但无法被证明的命题。你大概会认为这个任务很难，甚至要难于赫拉克勒斯的任务。因此我先从赫拉克勒斯说起。

或许你听说过这个古希腊神话，赫拉克勒斯在盛怒之下杀死了自己的妻子和孩子。为了赎罪，他答应完成他的死对头欧律斯透斯（Eurystheus，希腊神话中迈锡尼国王，斯忒涅罗斯和尼喀珀之子，赫拉克勒斯曾为他服役）指定的一系列任务。

第一项任务是去扼死涅墨亚森林里铜筋铁骨的猛狮，赫拉克勒斯徒手就完成了任务。第二项任务是去杀死勒尔涅沼泽中为害人畜的九头水蛇。古希腊神话还告诉我们每次水蛇被切掉一个脑袋，断处就会有两个新头长出来。

事实上，古人的讲述有误。实际情况要糟糕得多。

首先，九头水蛇有很多。每种九头蛇的头的连接、排列方式都不同，但下图是比较具有代表性的一种：

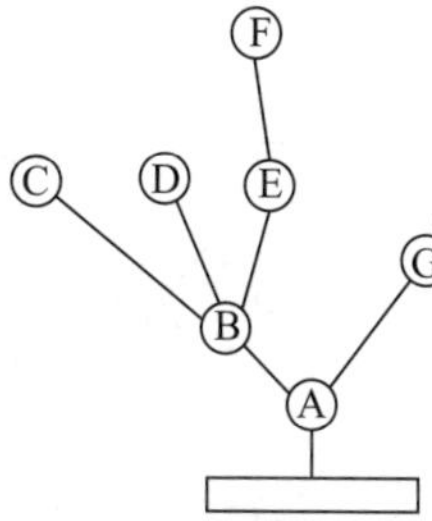

原始的九头蛇

正如你所看到的，这条水蛇比较特别，有些脑袋长在另一些上面（每个写有字母的圆圈就代表一个脑袋）。赫拉克勒斯可以砍掉位于顶端的任何一个脑袋：C，D，F，或H。

在被砍掉一个头之后，九头蛇的反应就是将这个掉下来的头的“父结点”带上其衍生结点（不包括敲掉的这个头）复制一遍。如果赫拉克勒斯打掉了C，九头蛇会复制一遍B（C的父节点）和B衍生出的所有节点（也就是D、E、F）。就像这样：

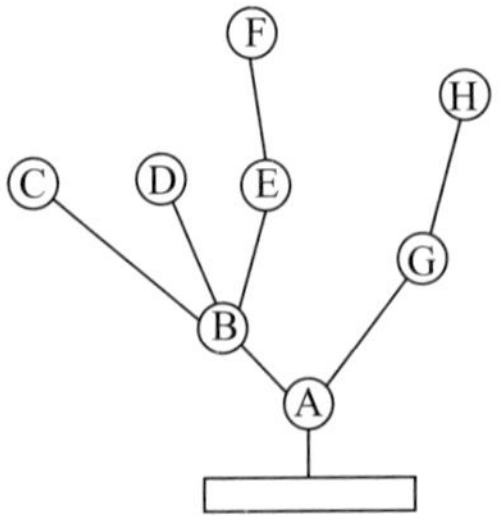

原始的九头蛇

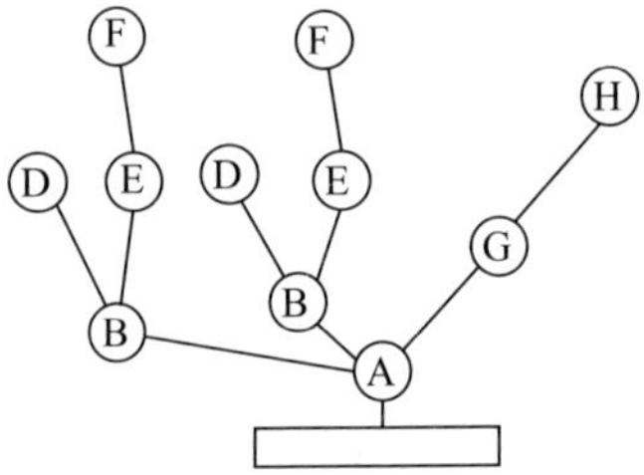

如果赫拉克勒斯砍掉了C

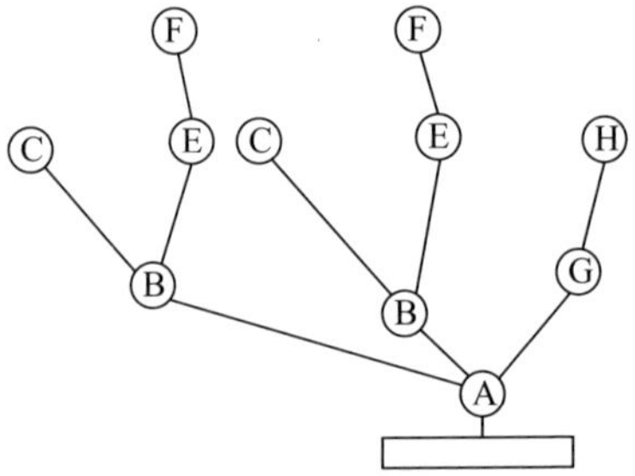

如果赫拉克勒斯砍掉了D

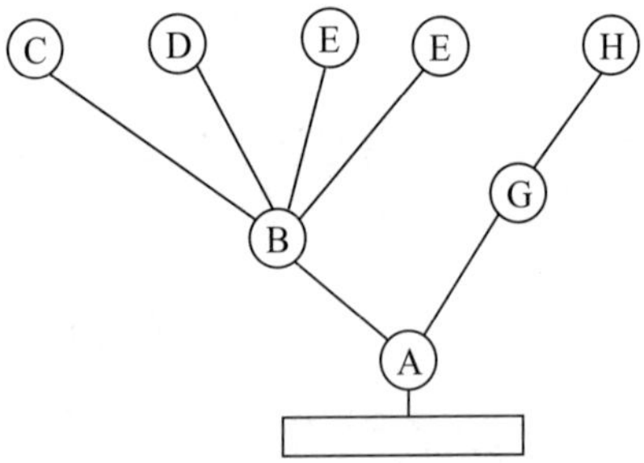

如果赫拉克勒斯砍掉了F

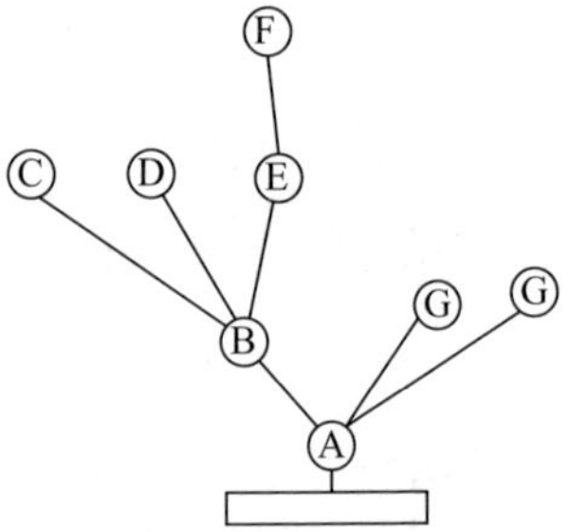

如果赫拉克勒斯砍掉了H

在接下来的一轮，赫拉克勒斯还是可以继续打掉处于最顶端的一个头——可以是原始状态下生长出来的，也可以是新复制出来的。这下，九头蛇又从这个掉下来的头的“父结点”开始复制——两遍！（也就是说，九头蛇会创建出两份新的“备份”，然后加入到自己的头当中。）如果在第一次打掉头C之后，赫拉克勒斯决定打掉第一个头D，那么九头蛇便会增添两个新版本的B-E-F的分支。

砍掉C之后：

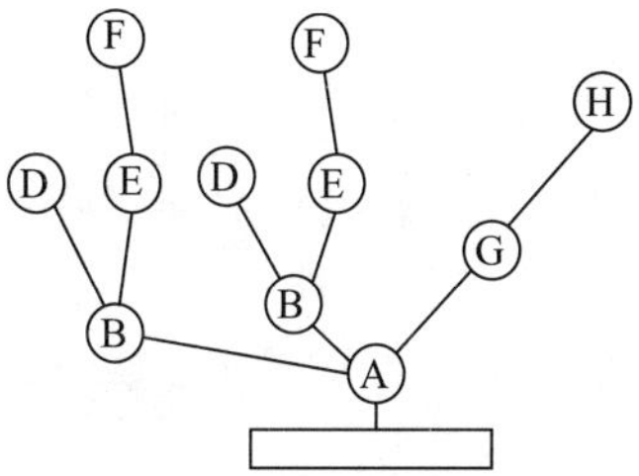

如果赫拉克勒斯砍掉了C

在此基础上，砍掉第一个D之后：

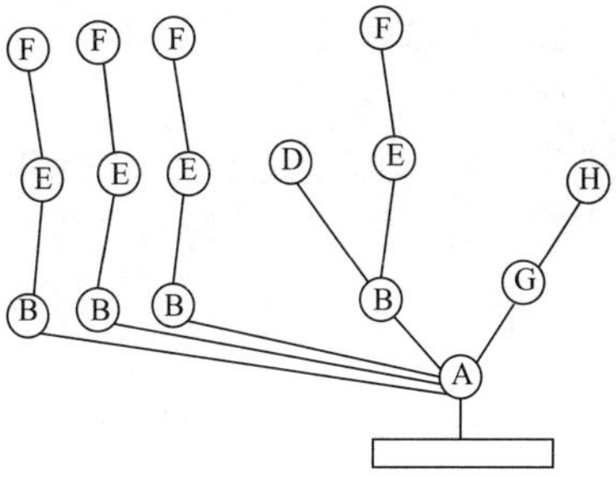

在第一次砍掉D之后

如此循环往复。赫拉克勒斯第三次砍掉一个脑袋，水蛇就会创建出三个新的相应的分支。赫拉克勒斯再砍掉一个脑袋，水蛇创建出四个新的相应的分支……

如果赫拉克勒斯能够砍掉全部的脑袋，杀死九头蛇，他就赢了。

九头蛇有很多种，形状和大小各有不同，某些比其他的更容易被杀死。问题是：赫拉克勒斯可以杀死遇到的所有九头蛇吗？事实上，我们可以把它拆成两个问题：

- 如果赫拉克勒斯聪明，他总能取得胜利吗？
- 如果赫拉克勒斯愚蠢，他总能取得胜利吗？

第一个问题的答案是“可以”：如果赫拉克勒斯足够聪明（这或许正意味着他首先就打掉了最根部的头而使九头蛇遭一击便绝命），他总会取得胜利。

令人惊讶的是，第二个问题的答案也是“可以”。无论赫拉克勒斯表现得多么愚蠢，他都可以获得最后的胜利。这似乎一点也不明显，但确实如此。

当一个人比较愚蠢的时候，获胜确实需要相当长的时间。假设他仅仅需要面对简单的五头蛇，赫拉克勒斯只需几下子就会将这场竞赛拖入到处理成百上千的蛇头的状态中去，步数比这个序列中的第一百个数还要大：

$$2 \quad 2^2 \quad 2^{2^2} \quad 2^{2^{2^2}} \quad 2^{2^{2^{2^2}}} \quad 2^{2^{2^{2^{2^2}}}}$$

我们怎么也没有办法去理解这个数字到底有多大，因此我们反过来先看下这个序列中比较靠前的几个数字。前五个依次等于2、4、16、256和65536。第六个数几乎达到了20000位（把它和以大著称的“天文数字”10的100次方相比较，这个天文数字也不过才101位）。第六个数字无法命名，因此我们给它起个名字以便讨论，接下来我会叫它“schnoogol”。

数学家约翰·恩瑟·李特尔伍德（J. E. Littlewood）曾经计算过老鼠在太阳表面存活一个星期的概率。显然，这个概率实际上几乎为零，李特尔伍德算出的结果是0.00000……1（1之前有多达137个0）——换句话说，几乎为零。根据李特尔伍德的计算推断，如果你把144只老鼠扔到太阳表面，它们当中任何一只在那里侥幸存活一个星期的概率就是schnoogol分之一。这会你该明白schnoogol有多大了吧？

这才仅仅是数列里的第六个数字呢。至于第七个数字，我称它为“kanoogol”，如果你同时扔schnoogol个硬币，所有硬币正面均朝上的概率便是kanoogol分之一。至于第八个数字——我只能放弃了。谈论它到底多大，这几乎没有任何实际意义。

数列中的第一百个数字可以告诉你这个五头水蛇可以和极其愚蠢的赫拉克勒斯僵持多久，直至被杀死。不过，赫拉克勒斯最后的确可以获得胜利，只是这确实需要相当长的时间。

这是一个数学事实；实际上，它只是一个与简单的运算法则有关的事实，因为九头蛇游戏确实也只是一个算术练习而已。我们使用示意图来演示发生的情况，但这都不是必需的；整个游戏完全可以利用含有许多数字的数学方式表达出来。

以下是一件更为不寻常的事实：赫拉克勒斯总会取得胜利，尽管这句话为真，但我们无法证明他总会取得胜利。“无法证明”意味着“无法用标准的算术公理来证明”，而标准的算术公理就是我们在前面提到的皮亚诺公理。

如果赫拉克勒斯的无敌性无法被证明，我们又如何知道这是正确的呢？当然，这是因为这已经被证明——只不过这种证明使用了皮亚诺公理列表之外的公理。这个公理便是我之前所说的超级公理：数学法则是具有一致性的。（也就是说，皮亚诺公理不可能推导出矛盾的结果。[①]）

---

① 已知的这个证明用到了超级公理。那么是否可能存在其他的证明方法（只是还没被发现），能够不用这个超级公理得出结论？答案是不可能。以下就是原因：超级公理暗示了赫拉克勒斯的无敌性，不仅这一点为真，而且反过来还是真，赫拉克勒斯的无敌性蕴含了这个超级公理。但是我们又从哥德尔那里知道皮亚诺公理并不蕴含这个超级公理。于是皮亚诺公理不能说明赫拉克勒斯的无敌性。

有个更简单的办法来证明赫拉克勒斯总是会胜利：我们只需要引入一条专门的赫拉克勒斯公理，内容是“赫拉克勒斯总会胜利”。于是，整个证明只需要一行字：赫拉克勒斯总会胜利，因为这是一个公理。从逻辑上看，这似乎无懈可击，但它永远无法说服任何人去相信任何事情。这种无中生有臆造出来的公理并不会使它本身为真。

但是这样来说却是真的：赫拉克勒斯要么总不能取得胜利，要么总能取得胜利。同时，差不多每个人——也就是每个关注这些事情的人——无可否认的是，他们只是“每个人”当中非常小的一部分——相信事实上他总会取得胜利。他们相信这一点，是因为相关的证明是基于超级公理而不是所谓的“赫拉克勒斯公理”，而且超级公理并不是无中生有臆造出来的。超级公理不需要证明就是正确的。

是什么使得超级公理不证自明呢？唯一的原因便是——我们认识到算术公理是有内容、实实在在存在的。一个随意的公理列表很可能就是前后不一致的，但算术公理不是随机的。它们描述了真实存在的事物，即自然数体系。正因为如此，我们知道它们是具有内部一致性的；换句话说，也正因为如此，我们知道超级公理是正确的。

如果某天有人发现一条赫拉克勒斯无法打败的九头蛇，我们就会得知超级公理是错误的，因此我们会得知算术公理是前后不一致的，自然数也不存在。但那种情况的可能性有多大？或许又是kanoogol分之一吧！

十一　不完备的人类思维

当我们谈到用算术去证明定理时，那些真正已经触及或可能触及人类心灵的问题并不会像回答“人们可以跳多高”“一个人在 5 分钟内能吃多少热狗”“一个人可以记住圆周率小数点后多少位”“人类目前可以到达多远的太空”等问题那样简单。它们会更像“一个人在 5 分钟内能吃多少热狗且不会让自己感到恶心”之类的问题，它们是在不同的时代、不同的社会中由不同的人得到不同答案的问题。

——托克尔·弗兰岑（Torkel Franzén）

哥德尔的不完备性定理因为启发了两种对立的、持久的错误论调而享有盛誉。它既被拿来“证明”人类的思维比你所期待的更狭窄，也被拿来“证明”人类的思维比你所期待的更宽广。

第一种错误论调似乎主要是受人们对“不完备性”这个词过于宽泛的解释的“启发”，认为“哥德尔证明了一切形式的推理都是很不充分的”。

事实上，哥德尔只是证明了如下内容：首先，正如我们所看到的那样，无论你选择哪一个（正确的）数学公理，都会有很多（正确的）命题你无法证明，第二，数学本身不能够被用来证明其自身的一致性。

这些说明公理系统存在着明显的局限性。但人类的思维并不存在这种明显的局限性，因为人类的思维本身并不是公理系统。我们思考时经常用的是类比和比喻，我们总以直觉和本能作为向导，我们在前进的过程中会不断改变规则。人类的思维就是一种充满了各种偶然性的混杂，我们因此会常常犯错，但正因为如此，我们的思维完全不受哥德尔不完备性定理的约束。

对第一种错误的论调就说这么多吧。第二种错误论调就更有趣了。

第二种论调大概是这样的：一台基于数学公理（即所谓的皮亚诺公理）运行的计算机，绝对无法证明赫拉克勒斯可以击败九头蛇。[①]但是，因为我们都深知数学是具有一致性的，所以你和我都

① 这里我用到了关于赫拉克勒斯和九头蛇这个游戏的两重事实：1）单用皮亚诺公理不可能证明赫拉克勒斯可以打败九头蛇；2）如果加入超级公理，用来说明皮亚诺公理具有一致性，就有可能证明赫拉克勒斯可以打败九头蛇。

知道赫拉克勒斯可以击败九头蛇。因此，你和我都知道一些连计算机都证明不了的东西。所以，你和我的大脑比任何计算机都强大。

当我还是个孩子的时候，我有一个超级好玩的玩具叫“第一代数码计算机”。在销声匿迹几十年后，我很高兴地看到这款玩具又出现在了市场上。“第一代数码计算机”完全就是一台机械计算器：它利用弹簧和橡皮筋来运行，而且你必须使用一套工具来初始化它的状态。编程的办法是把细小的塑料管（从饮料吸管剪下来的）贴上合适的标签，而运行程序的办法则是推动当中的一个杠杆。计算机的背面完全暴露在外面，所以你能看到塑料管、橡皮筋互相推来推去。玩过“第一代数码计算机”的孩子可以深刻洞察到计算机的工作原理。

你可以用“第一代数码计算机”编程来设计游戏，尽管设计出来的游戏不可能太复杂。它的计数能力最多只有 8 位。我可以下棋（但不是绝顶高手），而且我可以准确地预计 300 种可能发生的情况。这是否证明我的大脑比任何计算机都强大呢？不，这只能证明我的大脑比“第一代数码计算机”强大。

同样，赫拉克勒斯打九头蛇的游戏也只能证明你和我的大脑比某些计算机强大，并不能证明它们比任何计算机都强大。一台只能依照皮亚诺公理运转的计算机不能得出赫拉克勒斯总可以击败九头蛇的结论。但一台依照皮亚诺公理和表明数学内部一致性的“超级公理”（或者就此而言，证明赫拉克勒斯总可以击败九头蛇的公理）运转的计算机可以很容易得出这样的结论。

如果你真的想要提出一个哥德尔式的命题，比如人类的思维能力比计算机的运算能力更强大，你不如把论证做得更漂亮些。下面便是一种尝试：你和我“刚刚发现”，一旦你接受了数学公理，你就可以同样接受超级公理。你可以断言，没有电脑可以产生这样的跳跃性思维。

不幸的是，针对这个命题，我们可以很容易就制造出一台能产生这样的跳跃性思维的计算机。首先，你将皮亚诺公理输入计算机。然后，在旁边添加一个大的蓝色按钮。当按钮被按下时，一个新的公理便被加入了，其内容是目前已知的公理都是具有一致性的。最终，你不妨给计算机加装一条机器臂，每次做证明卡住，需要新的公理的时候，它都可以自己去按下那个蓝色按钮。①

现在，我们已经制造出一台能够“只意识到”添加超级公理很合理的计算机。然后，如果有需要的话，它可以继续按下按钮，而且“只意识到”添加超超级公理（其内容便是包括超级公理在内的所有公理都是具有一致性的）也很合理。依此类推下去，它就像一个人。

① 对于这个贴切的形象，我要特别感谢已故的逻辑学家托克尔·弗兰岑。

然而，这里好像仍然有一点是人能做到而计算机做不到的：你和我可以意识到添加终极公理（无论按下蓝色按钮多少次，得到的公理总是具有一致性的）也很合理。但是这意味着你和我比任何计算机都强大了吗？不，这只会让我们显得比这台计算机强大。只需制造一台一按下红色按钮就可导入终极公理的计算机，就能证明我们并不比这台计算机强大。

依此类推。你可以告诉我在这个功能区所用的原则，在这些原则的指导下，“只意识到”这个功能会知道添加哪些公理到你的理论中比较合适，我来为计算机添加按钮以便体现这些原则。

虽然还不够完全，但这已经足以揭示第二种论调的错误之处了。我们还可以尝试用最后一搏来使它起死回生：“当然，如果我把自己加入公理的原则告诉你，你就可以制造出能够表达这些原则的计算机。但是，我的原则是无限的。我有一个原则，即无论你按下多少次按钮，你的理论依旧是具有一致性的。你可以再用一个绿色的按钮来表述它，但我再加入一个新原则，即无论你按下多少次绿色按钮，你的理论依旧是具有一致性的。无论你制造了多么强大的计算机，我总能找出你没有预置进计算机内的原则。所以，没有计算机能跟我的大脑一样强大。”

因此，当你使用到更高层次的原则时，把握住每一个原则的含义就更加困难了，更不用说还要确认它的正确性了。你真的确信，运用很多很多很多很多次“按下蓝色按钮很合理”的原则的原则的原则的原则以后，你还能保持数学具有一致性的观点不变吗？按照托克尔·弗兰岑的话来说就是：

> 当我们继续制定更有力、更广泛的原则，将一个正确的理论放大为一个更丰富且正确的理论时，我们就要面对一系列问题，一系列需要用“的确如此”还是“显然不对”来回答的问题……不同的数学家、哲学家对于这些问题会给出不同的答案，甚至会有很多人说并没有明确的答案。为了设计出一个能完全模仿人类数学家的反应的机器人，我们原本应该提供给它类似的参考答案的范围。除非我们做到了这一点……否则，我们就没有理由宣称人类数学家可以证实所有机器人无法证实的内容。可是，我们其实只是成功地将机器人变得跟人类一样，而机器人在从一个影响深远的正确理论思考出更强有力的正确理论的过程中，是思维混乱的，无法确认结果的。

换言之，你的思维中能够很自然就接纳的原则很可能并不是无限的，而且只要它们不是无限的，我就可以将它们全部输入到一台计算机里去。哥德尔的理论并不能用来反驳这一点。

十二　逻辑规则和一头肥猪的故事

哲学的特征就在于，从貌似微不足道的简单事物出发，最终得出貌似自相矛盾以至于无人相信的结论。

——伯特兰·罗素

数学家就像小情人。给数学家提供一丁点儿原则，他就会由此推导出一个结果并向你索取它，接下来他还会从这个结果推导出下一个同样会向你索取的结果。

——伯纳德·德·方特纳尔（Bernard de Fontenelle）

数学中最有名的违反人类直觉的公理要数著名的巴拿赫–塔斯基分球悖论：先按照你想要的任意尺寸挑选一个球，比如说足球；然后我们总是可以把这个球分成五部分，经过一定的方式重新排列，就可以还原回去两个立体球，而且都和原来的球一样大。

现在我们再进行一次，你就能够得到四个立体球；次数足够多时，这些球足以填充整个宇宙。

如果你不确定有多少人会来参加你的生日派对，这个理论听起来就很有用了。你只需要按照你想要的尺寸烤一个蛋糕（要是这个定理生效的话，你甚至无须特意烤球形的蛋糕），把它切成形状合适的 5 份，然后把它们按照正确的方式重新组合起来，你就获得了两个和原来一样的大蛋糕。

不幸的是，巴拿赫–塔斯基定理仅适用于真正的固体物质，而生日蛋糕还远远算不上固体。现实世界中的其他任何东西都不是，因为它们都是由原子构成的，而原子大部分是空的。“巴拿赫–塔斯基分球悖论”冲击着我们的直觉，是因为我们对它提到的所谓真实的固体的状态并无任何了解。

我们知道“巴拿赫–塔斯基分球悖论”在逻辑上是成立的，只不过我们并没有证据来证明它，更不能依靠直觉或洞察力来揭示它，而只能靠纯粹的逻辑推导来得出这样的结论，这种简单的证明是任何一位数学专业的大一新生都能理解的。反过来说，其证明只能依靠对数学法则和集合论的基本概念的掌握程度，而不是我所强调的逻辑之外的理由来推导。但只要将那些基本概念作为条件，我们就能按照逻辑原理推导出“巴拿赫–塔斯基分球悖论”。

这个悖论的寓意就是，有些知识只能凭借逻辑推理来了解。这不仅适用于数学知识，还适用于我将介绍到的后文中的一些经济学范例。但我们还是先继续关注数学知识吧。

如果你想要一个简洁、漂亮且功能强大的很好的数学上的证明范例的话，那么请返回到第三章———事实上那是我所知道的最好的范例。那一论证表明有限的质数列表不可能是完整的（或者换句话来说就是，质数有无限多个）。就如同这个巴拿赫–塔斯基定理，单纯依靠观察、直觉或者超感官知觉绝对无法得出结果。我们需要做出证明。

举一个更令人吃惊的例子吧。从自然数里随机选择一个数，它不能被任意的平方数（1除外）整除的概率是多少呢？[①]准确的答案是$6/\pi^2$，或者约等于60.79%。这个π就是你在几何课上学到的圆周率——那个约等于3.14的数。像60.79这样的数字并没有什么特别有趣之处，但是这个π就有点吸引你的眼球了。为什么圆周周长长和其直径的比率会出现在一个算术问题中？

要证明$6/\pi^2$就是那个正确的答案要比证明质数的无限性还要难，但是又比证明巴拿赫–塔斯基定理要容易点。为了满足那

① 如果这是本数学教材的话，我将会花点时间来详细说明一下“随机”这个词的准确含义。但这本书并不是，所以我就不再对此赘述。举例来说，104可以被平方数整除（也就是4），105就不能被平方数整除。

些对此类内容感兴趣（而且还能良好掌握大学微积分知识）的人，我已经将自己的证明过程发布到了网上，网址是：http://www.the-big-questions.com/pi.pdf。

在数学上，纯逻辑能够揭示很多伟大的真理。在其他领域也是如此。例如，纯粹的逻辑——无须补充任何证据——可以告知我世界已经陷入重度空气污染中了。这听起来或许不足为奇。诚然，人们都不喜欢污染，但这并不能证明我们已经造成了太严重的污染。毕竟，人们都不喜欢支付账单，这也不能证明我们已经支付过太多账单了。污染，就像买单一样，是那些我们珍视的事物（例如电力、现代建筑和乘飞机旅行）所附带的令人不愉快的副产品。确切的数目当然不会为零。

因此，如果这个量不是零的话，我如何来确定就是很多，而不是很少或者只是适量呢？我怎么能在不知道污染及污染所造成的损害的具体程度的情况下就做出这样的断言呢？让我们从谈论一个大肥猪的案例来寻找答案吧。

我曾经的一个研究生和一位兽医学教授奥德里奇同名。有一天，她收到了一封来自本地农民的（明显是寄错对象的）信件，这封信的内容如下：

亲爱的奥德里奇博士：

我们在10月份从朗蒙特市的阿斯塔西亚·孔普夫那里

购买了一头大肥猪。兽医说我们得有一份关于这头猪的包含伪狂犬病检查的健康报告。据我们从阿斯塔西亚那里了解到的情况，她把她的猪群送到大学里检查过。她也给了我们您的大名。那么，您能够把有关检验这头大肥猪血液的最好方法教给我们吗？我们确实希望您能在这个问题上帮助我们。谢谢！

约翰·温尼坎普

她的回复如下：

亲爱的约翰·温尼坎普先生：

虽然我并不是大肥猪血液检验方面的专家，但我深信，如果正确运用基本的经济学原理，就能够以最有效的方式完成这一任务。

大肥猪的血液应该一直被测试下去，直到测试的边际成本正好等于测试的边际效益。[①]

也许这个图可以说明我的观点：

① 边际的意思是，例如，当数量为3时，图表显示的就是，第一加仑和第二加仑测验之后，第三加仑的血液接受检测时所产生的附加成本和效益。

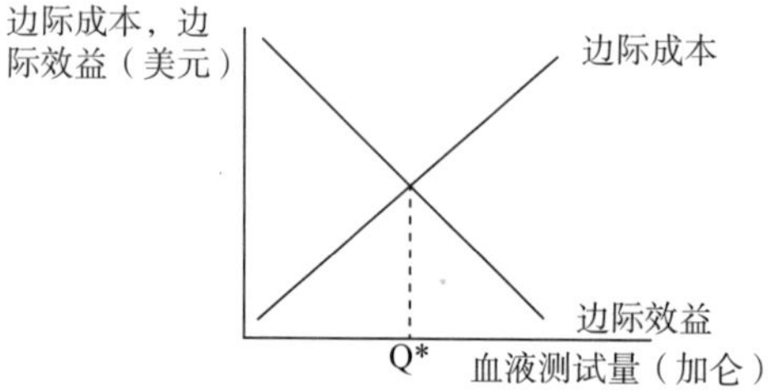

真诚的，

奥尔德里奇博士

试图解释这个有趣的笑话，或许存在一个风险，那就是会糟蹋它，我发现奥尔德里奇博士的建议既是完全正确的，又是毫无用处的。在第一次、第二次和第三次抽取一加仑猪血的时候，图表显示，检验带来的边际效益（以美元衡量）超过了边际成本，所以这些猪血应该被检验。①（事实上，要检验猪血的话，我们本来应该选择比加仑小一些的单位，那样更合适。）这种情况一直不变，直到我们检验的猪血数量增加到Q*加仑，此时边际成本和边际效益完全相当。对于后续的检验来说，检验的边际成本超过了边际效益，所以你测试到Q*加仑就应该停下来。

这个分析的确简洁、漂亮。不幸的是，我们并不知道Q*到底是4还是8还是17。我们怎么可以像“奥尔德里奇博士”那样，

① 这个图表用来显示边际效益和成本。换句话说，图表显示的是每增加一加仑所对应的附加成本和效益。

在对大肥猪完全没有任何专业研究的情况下就随意在一张纸上画几条曲线来解决问题呢？（当然，这就是这件事能变成冷笑话的原因。）

这是一个多么了不起的发现啊！我们并不比“奥尔德里奇博士”拥有更多的专业知识，也不比他更用心，我们却能够使用同一张示意图来发现一些关于世界本质的问题。

假设这样一种情况，当农夫温尼坎普给他的猪抽血时，猪大声嚎叫，由此惹恼了邻居。那么，我们就可以在示意图里增加一条曲线。之前的个人边际成本曲线，用来衡量温尼坎普先生所关注的花费情况（时间、精力和用来进行血液检验的材料），除去这条曲线，我们得到了一个新的社会边际成本曲线，涵盖了所有这些成本，加上施加于邻居的成本：

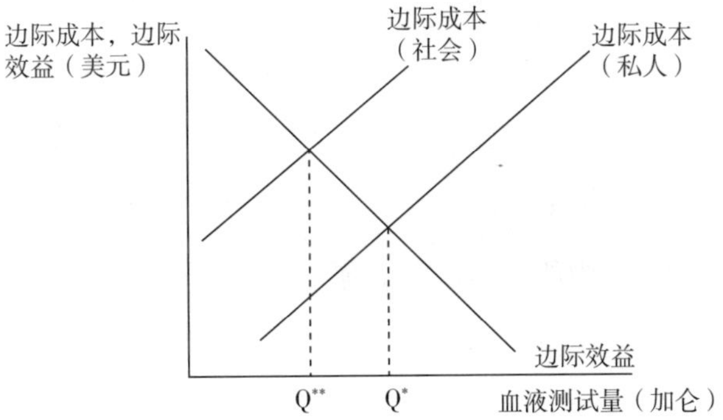

如果完全不考虑邻居的烦恼的话，温尼坎普先生仍然有必要

去检验恰好Q*加仑的猪血。另一方面，如果我们考虑到邻居的因素，而且你想使所有效益超过所有成本（包括邻居的烦恼对应的成本）部分最大化，你会想让他只测试Q**加仑的猪血。

所以现在你了解到的情况就是：自私的温尼坎普先生要测验恰好Q*加仑的猪血，而一个有社会意识的观察员则只想让他测试Q**加仑的猪血。还和以前一样，我们根本不知道Q*和Q**的具体值。这个看上去和之前的示意图一样没什么用处。

除了一点例外，这一次我们接触到了一个真实的、深刻的事实。那就是，Q*总会出现在Q**的右边。换句话说，当你因抽猪血而惹邻居不悦时，你抽取了更多的血，多于你应该抽取的数量。这样的道理同样适用于任何会惹恼邻居的行为，例如污染了空气。

这里使用的“应该”一词有着非常精确的含义。对你和其他人而言——如果它带来的所有效益——超越了它耗费的所有成本，那么我在说的就是你应该这样做。而血液测验图描述了一个重要的普遍原则：当你的行为带来的成本会部分波及你的邻居时，你在这些行为上实际花费的精力其实比你“应该”花费的要多。

这是经济学中的一个基本原理。它也是——完全无法得到验证——至少在这个给肥猪抽血测验的事件中是这样的。无法验证是因为我们在实际做的时候无法知晓邻居到底会有多恼怒，因此也无法实际测量出相关的成本和收益。不过，即使这是一个无法验证的命题，我们仍然知道它是真的。只要社会边际成本曲线一直在个人边际成本曲线的上方，我们就知道Q*总会出现在Q**的右边。这是一个纯几何学结论，自欧几里德发现几何学原理以来，纯几何学比任何观察方法要靠谱得多，且更具指导意义，最起码这对某些种类的真理来说是这样的。

我们还可以根据类似的示意图确立一个类似的原则：当你的行为产生的效益会部分波及你的邻居时，你在这些行为上实际花费的精力其实比你“应该”花费的要少。

你可能会觉得这些原则都非常显而易见，但它们带来的后果却并不是如此。比如说，我们来思考一下这个问题：世界上的一夜情行为是太过泛滥还是太过罕见？[①]

我们先来做一个思维实验。我们来假设你（未必就是现实世界中的你，仅仅是一些你的虚构版）是一个不计后果、不检点、过去有着一大群性伙伴的人。这样一来，你染上某些可怕疾病的可能性就非常大。每次你跟一个新的性伙伴发生关系，你都有可能将这种可怕的疾病传染开来。

---

① 以下内容只是一个简介，这些内容在我的那本《反常识经济学 4》（*More Sex Is Safer Sex: The Unconventional Wisdom of Economics*）的第一章中有更详细的论证。或者，如果你更喜欢看视频的话，你可以去这个网站www.the-big-questions.com/pueblatalk.thml观看我对于这个话题制作的课件。

不过，这并不能证明你就不应该跟任何人发生性关系，它甚至不能证明你的性伙伴太多了。就像污染一样，你的不计后果也能带来一些效益，这效益至少可以抵消部分成本。你的放纵大概给很多人都带来了快乐。因此，关于你的性伙伴是太多了还是太少了，答案并不会立刻显现出来。但我敢肯定你的性伙伴太多了，就像出于同样的理由，我敢肯定世界的污染太严重了一样——因为你的行为成本会部分波及我们其他人。我们都在同一个池塘里钓鱼，每次你跳进池塘里，都会污染池塘里的水。而在给大肥猪抽血的例子中，我可以说你跳进池塘的次数实在太多了。如果你表现出一定的自我克制的话，世界会变得更加美好。

我认为，这一点很容易理解，也容易让人相信。但是现在让我们来看看这个例子的另一面，所有令人惊讶的结论都出来了。

现在假设你是一个在性方面很谨慎、很保守的人，几乎没有性伙伴，因此你极不可能感染上某些很可怕的疾病。当你跳进大家垂钓的池塘时，你可以魔法般地让它变得更加干净。今天和你回家过夜的性伙伴注定会享受一整晚安全的性行为。你的这些性伙伴们自己都没意识到自己有多么幸运。

这一次波及他人身上的就不是你的行为成本了，而是你的行为所产生的效益。这一点可能意味着你的性伙伴的确太少了。正如污染者跳到池塘里的次数太多，而你跳进去的次数还远远不够。如果我们能让你得到更多的性伙伴，这世界也会变得更安全、更快乐。

实际上，有两个原因可以使我们的世界变得更美好，我只提到了其中的一个：你们这对偶遇的性伙伴开始享受相对安全的性行为。你还能通过第二种方式来让世界变得更美好，这种方式有点恐怖但却可能有很重要的实证意义。下面我来展示一下：外面来了些感染了疾病的人，而如果你今晚要去寻找一个性伙伴，你就很有可能把其中一个被感染的人带回家。然后你自己就可能被感染。最终，你会生病，甚至死掉。如果有人会在今晚染病，我宁愿染病的人是性行为谨慎的你，而不是不检点的彼得，因为他会在自己死前感染二十来个其他人。

现在的话，这一论证没什么问题，但不幸的是，你不能拿这个作为搭讪别人的准则。比如在酒吧里，你绝不会离谱到跟人这样说：“跟我回家吧，这样我就能感染你，而不会传染给其他别的人。”这里的整个要点是，对于个体决策者来说，这是件很好的事情，而这对于其他人来说就不是一回事了。环境污染者不会关注他们的烟囱给别人带来的损害；不检点的彼得也不会关注自己散布出去的病毒，而你——这个在性方面很谨慎、很保守的人——不会关注那些因为你过度守身如玉而死在滥交者手上的人。

于此，我们应该怎么做呢？比较理想的情况就是，我们会想办法鼓励那些在性方面很谨慎、很保守的人带走更多的性伙伴。

不需要太多——我们并不是想把他们全部变成不检点的彼得的翻版。仅仅多一点就可以了。我们如何才能做到这一点呢？我也不知道答案，尽管我认为免费发放避孕套也许是朝着正确的方向迈出了一小步。

如果我们能以某种方式让那些在性方面很谨慎、很保守的人稍微放松一点，世界可能会因此变得更美好——艾滋病患者会减少，快乐的记忆会更多。最值得注意的是，我们可以通过纯粹的逻辑推理得出这一点，根本不需要任何依据。

那么，世界究竟会因此变好吗？首先，你的（大概是两厢情愿的）性伙伴们应该会获得更多的乐趣。诚然，她们得冒着患病的风险，但是她们已经确定你值得冒这样的风险——甚至在她们根本不知道这风险到底有多低时。其次，你通过提高安全的偶然性性行为的比例，而且（或者）从不检点的彼得那里夺过来一些性伙伴，从而实际上或许会减缓传染病的传染速度。从另一方面来讲，你也可能加快传染病的散播速度——毕竟，我们其实还不能确认你现在还没有感染疾病。

这结果喜忧参半。接下来你的性伙伴会导致第二轮影响，而你的性伙伴的性伙伴会导致第三轮影响。能不能从头到尾理出整个过程的利弊，这是一个重要的研究项目。幸运的是，我们已经预先知道了如何去核定预算。总而言之，让那些在性方面相对谨慎、保守的人变得略微滥交一些，这是一件好事。[1]

如果你发觉这个结论令人惊讶的话，那么请记住，这是严格按照我们得知世界上的污染情况很严重的思维方式推导出的结论。如果你相信世界上的污染情况很严重，你必定也相信大家都守身如玉的情况也很严重。

请允许我对于这一点再啰唆一次：你不需要去了解大肥猪，但你完全可以知道给大肥猪抽血会惹恼邻居。你根本不需要去了解现实的污染到了何种程度，但你可以知道世界上的污染已经很严重了。你也根本不需要去了解确切的性病传播率，但你完全可以知道高风险人群拥有太多的性伙伴，而低风险人群拥有的性伙伴人数则太少。这一切结论都是由纯粹的逻辑推理得出来的。有时候，你需要的仅仅是逻辑而已。

① 要想得到一个精确的结论还需要一些证据，以及一些经济学知识（也就是，人们对于诱因做何反应）和传染病学知识（即病毒的传播方式）。哈佛大学的迈克尔·克瑞默（Michael Kremer）教授就是这两个领域的专家，他预计到如果我们能把那些一年中性伙伴平均少于 2.25 个的人提高到超过 2.25 的话，我们将大幅降低艾滋病的传播速度。

十三　证据的规则

若是奇迹，任何迹象都能解答。若是事实，证据则是必需。

——马克·吐温（Mark Twain）

在 2004 年这一年，印度贝拿勒斯的上百万居民每天都能收到大约 60 万个避孕套。不过这些避孕套（由印度政府免费提供）中的大部分并没有用于计划生育或性病预防，而是用来润滑城里那二十万台织布机。织布工手里拿着领到的免费避孕套擦完织布机上的梭子后就扔一边了。

如果你已经对避孕套和贝拿勒斯的经济有所了解，知晓印度的计划生育政策，并且深谙人性的话，那么你大概就已经能够预测到这个故事的梗概了。但是你绝对猜不到准确的数目。有时候你还需要收集一些事实。

但是仅仅有事实是不够的。还需要辅助以解释以及广泛接受的一种意愿。我相信你有大动脉并不是因为我看到过，而是因为我听到别的人被发现有大动脉，因此，我猜想你也有。

如果你拒绝接受这种形式的推理，网上有个地方很适合你。最近我有幸应邀在知名法律博客Volokh Conspiracy上发表博文，这里是很多法律精英的网络聚集地，和其他所有的公共博客一样，偶尔也会有些疯子点进来。在博客上我写了一篇（我以为）平淡无奇的评论，内容是免费配送洪灾保险的房子会比较贵。很快就有人提出质疑，要我为这一异乎寻常的论断拿出证据来。证据倒是多得很：刮脸和理发比只刮脸要贵；喝汤和吃汉堡要比只喝汤花钱多；同时买洗衣机和烘干机要比只买洗衣机花得多。而且我们也都知道原因：当你接受到一个免费的额外奉送的服务时，你的需求就会增加，而当需求增加时，价格就会被抬高。显然，房地产市场也存在同样的情况，因此加保险的房子比单买房子要贵。

那些回应我的人声称（显然他们都很认真，可能他们只是觉得有点气急败坏）没有哪一个例子是相关的，因为没有哪一个是跟房地产沾边的。好吧，那么我们可以说带个壁炉的房子比没有壁炉的房子要贵。但是这个例子又不是附带保险的房子！好吧，在某种程度上我已经放弃了。

Volokh Conspiracy上那些理论家们坚持要忠于事实，那些未被理论所染指的事实。但是，假若你真的想要学到点东西的话，这是不可能的。事实上，所有我们了解到的“有事实依据”的东西都是根据某个适当的理论搜集到的事实。我们知道草是绿色的，一部分是因为我们见到过绿色的草，还有一部分原因是我们有相关的理论让我们可以从一片绿色的草推及其他，归纳出草是绿色的。如果你一丁点儿理论都不信的话，那么无论事实多么明显，你都可以选择不相信。如果我之前举的例子是一栋实实在在的房子，比如说，位于堪萨斯城，当售楼方出了一个免费搭送保险的政策时，楼价正好涨了，我确信一定会有人说我的这个证据只适用于堪萨斯城，而且只在那些含有字母R的月份里才适用。

顺便说一下，这并不单单是一项学术研究，它还有很重要的政策意义。当美国联邦政府要采取一项帮助水灾难民的政策时，免费配送水灾保险就成了他们的有力措施。因为有了这项政策，泛洪区的房子就会比较贵。对那些（大部分都是穷人）图省钱想要在泛洪区买个便宜房子的人来说，这显然不是什么利好。矛盾之处就在于（至少对那些没有经过深思熟虑的人们来说），免费提供的洪灾保险使得穷人的状况更糟糕了。

逃避现实有很多种方法，拒绝接受理论的普适性只是其中一种罢了。对于那些习惯了叫嚣“相互关系并不意味着因果关系”的人，每当要面对一些他们更想视而不见的证据时，互联网也给他们提供了一个舒适的场所。单独来看，相互关系确实并不意味着因果关系。错就错在我们直接从这一观察跳到了一个无根无据的结论，认为没有什么能蕴含因果关系。

抽烟和患上肺癌有一定的相关性。我们很容易得出一些和这一观察相一致的理论。也许是抽烟导致了癌症。也许是因为癌症而去抽烟。（也就是说，也许癌症在没有被发现的数十年前就流行开了，而人们首先发现的症状就是想抽烟。）也许是某一单个基因导致了癌症和这种成瘾人格。

不过，我们有法子来解决这个问题。想要建立因果关系，有一条黄金准则，那就是进行一组对照实验。随机指定一些人去抽烟，而另一些人不抽；对他们进行监控从而确定他们照着做了；对他们进行几十年的追踪，然后看看最后哪些人会生病。如果这个相关性确实经得住检验（同时如果你的样本足够大到可以排除巧合的可能性），你就可以坚信抽烟会导致癌症。这是因为你已经排除了其他的可能性。“癌症导致抽烟”是一个不具可行性的理论，因为这样你知道能不能抽烟完全靠运气。

任何一个科学家都不太可能去做这个实验，但是政治家们确是经常这样做，不厌其烦。每当宾夕法尼亚州提高香烟税时，就有一些宾夕法尼亚人戒烟——与此形成对照的是纽约人，他们依旧香烟在手。这就很像是一项随机试验，而你如果恰好就住在纽约的话，就属于被指派为抽烟的实验组。如果宾夕法尼亚州的癌症发病率降低，而纽约没有的话，你就能得出这样一个证据，即抽烟引发癌症。[①]

经济学家称上述案例为一个“自然的实验”或者（如果用术语的话）叫作通过“工具变量”的一种实验方法。（在这个例子中，工具变量就是税率。）经济学家们总是在留心观察一些好的工具变量。例如，在整个非洲地区，经济困难时期往往会伴随着国内骚乱，有时甚至会爆发内战。

这里的因果关系是怎样一种形式？是不是艰难时期会导致人民不满，然后引发动乱？或者是动乱破坏了生产活动，进而导致经济困难？

为了回答这一问题，来自加州大学伯克利分校和纽约大学的三位经济学家进行了观察，他们注意到很多经济困难时期是由恶劣天气导致的。结果往往是，即便经济困难明显是由恶劣天气导致，这些时期爆发内战的可能性要大得多。

我们又一次得到了一个工具变量（也就是天气）和一个自然

---

① 事实上，这个证据能说明的问题要少一些：它显示出对于那些对税收增加敏感的人来说，抽烟会导致癌症。不过可以肯定的是，那些人有着和我们其他人几乎一样的机体，于是你自然就能得出一个更广泛的结论。如果换作其他例子，这一类的概括方法是相当成问题的。稍后我们会看一下这些例子。

实验。天气随机指定了一些国家（暂时地）比另一些国家穷苦，这些更穷苦的国家会爆发更多的战乱。于是，这样看来的情况就是经济困难导致战乱。

另一个例子：观看色情内容的人比较多的州，上报的强奸案件反而要少。这里又是什么样的因果关系？（一些）潜在的强奸犯会因为淫秽内容易得而勉强收手？还是因为执法良好使得他们不敢出门作案？或者说是对于性行为持更为开明的态度导致色情猖獗和强奸减少同时并存？

互联网的兴起提供了一个庞大的自然实验。更好的是，互联网在不同的州兴起的时间也不一样，这样就有 50 个自然实验。

从这些实验中得到的最重要的一点是“网络越开放，强奸案越少”。网络开放度增加 10%，上报的强奸案就会减少 7.3%。那些采用互联网速度最快的州，其强奸案的犯罪率下降得也最多。根据克莱姆森大学的托德·肯德尔（Todd Kendall）教授的观点，即便当我们控制了所有那些明显的混杂变量，例如酒类消费、警力、贫困、失业率和人口密度等，其产生的效果仍然存在。

由此我们能够得出结论，至少暂且是这样：网络访问可以减少强奸。但是这距离证明接触色情可以减少强奸还很遥远。也许那些强奸犯都窝在家里摧残维基百科，从而导致强奸率下降。但是肯德尔教授指出网络访问对于杀人犯不会产生相似的影响。维基百科在遏止强奸犯的同时，也会遏止其他暴力犯罪，很难看不到两者同时出现。从另一方面来讲，我们很容易可以想到观看色情内容可以作为强奸的替代品。

如果不是维基百科，那么网络交友怎么样？也许之前那些强奸犯在网络上找到了自己的真爱，由此导致了强奸率下降。不过肯德尔教授又指出网络产生效用最强的是15到19岁的作案者——这个群体使用交友服务的可能性最小。

此外，肯德尔教授还认为这些青少年正好就是那一拨（可能）严重依赖网络获取色情内容的群体。和父母住在一起时，要藏起来一些色情杂志可没有在慌乱中关闭浏览器那么简单。因此，这些辅助证据和之前的假设全都一致，假设认为网络访问可以减少强奸是因为网络使人更易获得色情内容。

心理学家的确发现，男性受试者在看完色情片之后，更容易立即产生厌女情绪。不过正如肯德尔教授所说的那样，我们需要弄清楚这些实验要测试的是什么：他们要测验的是在一间特定的实验室内，由研究员全程监控受试者观看色情片产生的反应。而如果是在自己房间里，并且在完全私密的状态下看色情片，通常都会产生高潮，这是一种有点混乱却让人十分满足的体验——这一体验似乎能够压制住内心的一些攻击性冲动，就如同实验室通过中间打断色情观看受试者内心激起的攻击性一样。

当我写到有关肯德尔教授在《石板》杂志上的那篇研究时，不少半懂不懂的人给我发来邮件，使我大为震惊，他们很郑重地说我们不可能得到这些知识，因为相关性并不意味着因果关系，因此也绝不可能建立因果关系。这些人的生活得是什么样子呢？他们真的会假装不知道汽油没了车就会停吗？他们真的是靠着意念每天开着没油的车去上班，然后咒骂是自己运气太差而一天天总是搁浅在路边吗？又或者说在他们的内心深处，是否也和我们其他人一样，承认知识有时候也是可能被获取的？

不过，那些持怀疑态度的人在有一点上是对的：如果没有一丁点儿相关理论，即使是一个很好的自然实验也几乎什么都说明不了，而如果你的理论就是错误的，那么你的结论也会变质。

还是以抽烟和癌症为例。宾夕法尼亚州提高烟草税，那儿的人就会减少抽烟，宾州的癌症发病率就会有所下降。与此同时，纽约的烟草税保持稳定不变，癌症发病率也就保持不变。这样是否就能证明抽烟导致癌症呢？不完全是。正如我在上文的脚注中指出的那样，它最多能证明对于那些对税收增加敏感的人来说，抽烟会导致癌症。而要做出进一步概括就需要一定的理论，在这个例子中，我们需要的就是类似“癌症和抽烟之间的联系是生物性的，而我们所有人的生物机体都是一样的”这样的理论。

当然没有人会怀疑这个理论，因此这一概括化的结论也必定是正确的。但是很快我们就会发现，对于其他的自然实验来说，其中所涉及到的相关理论既复杂又难以验证。

假设你想要来验证癌症和抽烟这一理论。（我知道，我晓得你已经对这个理论深信不疑了，所以你觉得没必要再去验证它了。但是请忍耐一下。这一点会很有启发意义。）第一步就是要了解足够多的医学知识，这样你就可以更精确地阐述一个理论。诸如“抽烟导致肺部受损，而肺部受损会引发癌症”。这一表述好的地方就在于它很容易得到验证。这就意味着如果你想要衡量抽烟和肺部受损之间的相关性，进而衡量肺部受损和癌症之间的相关性，然后使两个数字相乘，这样你就能得到抽烟和癌症发病率之间的相关性。如果这一等式适用的话（在可容忍的近似范围内），你就找到了可以支持自己理论的证据。

在经济学上，这种形式的推理被称为“结构模型”。变量越多，结构模型也就越复杂。高中就辍学的比读完高中的那些人锒铛入狱的可能性更大。是辍学导致了犯罪吗？还是说那些人想要当罪犯所以就辍学了？还是一些别的变量，比如智商低下或者父母疏于管教导致了这些？这些因果关系还可以走得更深入一些。比如是低智商导致了父母疏于管教吗？还是说因为父母疏于管教导致了智商低？

基于研究者对相关科学和经济学的理解，一个结构模型也许能够囊括所有这些问题。而一旦在这些问题上持有某种立场，你就可以从这些相互关系中推导出一些更为复杂的关系（比如“关联A和B的比率就等于关联C和D的比率加上关联E和F的比率之和”）。你可以检验下看看这些等式是否站得住脚，如果是的话，你就有权对这个模型充满信心。

实用计量经济学家同时需要自然实验和结构模型来判别因果关系和单纯的相关性。例如，我们可以相当确定高中辍学的人犯罪率更高是因为他们是辍学者。

只有通过结构模型我们才能知道降落伞可以救人性命。确实，不带降落伞和丧命之间呈现了很高的相关性，但相关性并不能说明就是因果关系。目前，还没有人做过这样的一组对照实验，即随机选择10名受试者带着降落伞从飞机上跳下，另外10名则不带降落伞跳下。那么为什么所有神智健全的人都相信降落伞实际上可以导致跳下来的人活下来？答案是：因为我们有结构模型，也就是说，我们可以借助模型来阐述降落伞是如何挽救生命的，我们还可以借此做出一系列精确的预测。它预测到那些因没有携带降落伞而丧命的跳伞者很可能出现多处骨骼断裂，而那些降落在树顶上的人生还的可能性要比落在岩滩上高得多。这些预测的准确性给了我们足够的信心，我们可以说在这个例子中相关性的确由因果关系而来。这恰好就是经济学家一直以来推理的类型。

要知晓这些事情是非常有可能的。

下面这个例子中就同时用到了自然实验和结构模型：我们知道那些接受过学前教育的孩子更有可能从高中毕业，更有可能避免未成年怀孕，接受社会救济的可能性更小。和当年那些没有接受学前教育的孩童相比，成年之后，他们赚的工资（很显然）要更高。他们的工龄更长，并且犯罪较少。这是因果关系吗？或者仅仅是有相关性？

对我们来说，比较有利的条件是有一组可以实际进行的对照实验，佩里学前教育项目就是一例，它针对的是密歇根州伊斯兰提市 3 岁的贫困儿童，有没有资格参加这个项目全靠抛硬币来决定。如同其他幼儿园的孩子一样，参加了佩里学前教育的孩子成年后要远比那些没有参加学前教育的同伴成功得多。

不幸的是，这项实验并不是那么清晰明了，因为并不是所有抛硬币的获胜者都会选择把孩子送到幼儿园。那么那些从佩里学前班毕业的孩子日后能成功是因为他们上了学前班吗？还是因为他们有了那种把自己送到学前班的父母？

这里就需要用到结构模型了：我们首先要从详细的理论开始，研究一下这些变量之间的相互作用。这些变量为：学前班的出勤率，智商，家长给予的关注，家长的智商，学前班学到的技能，以及这些技能对日后的技能学习所产生的帮助，等等。这些理论能够帮助我们预测到不同变量之间的相互作用所产生的复杂关系。你可以分别测验下这些关系以便验证出哪些理论站得住脚。最终的结果是：很显然，学前教育导致好的结果。诺贝尔经济学奖得主詹姆斯·赫克曼（James Heckman）也是一位卓越的结构模型师，基于自己的结构模型，他估算到如果有15000美元，花在学前教育上要比在警察局花上80000美元能更有效地遏制犯罪。

事实并不是那么简单。用来支撑佩里学前教育实验项目的理论非常深奥，而且很难（随时会有以下风险：一个理论上的错误就能危及整个实验）。有些经济学家更偏爱自然实验，同时把外显理论控制到最小限度，而有些经济学家则更倾向于依靠精心设计的结构模型来说明问题，在这两者之间需要保持一种健康的制衡。

我再拿一例来结束本章：在美国职业篮球联赛（NBA）大赛中，白人裁判员（略微有些）更倾向于吹黑人球员犯规，而黑人裁判员（也是略微有些）更倾向于吹白人球员犯规。

如果你要罗列所有可能的解释，下面这一种你可能会提起：出于某种原因，NBA在分配裁判的时候会给吵闹的黑人球员分到白人裁判，而给那些吵闹的白人球员分到黑人裁判。这个解释可能说不通，因为比赛的时候裁判都是随机分配的。所以这里的情况就有点像自然实验。

那么是否这个实验就证明了白人裁判对待黑人球员更为苛刻

呢？一点也不明显，也许这种情况恰好说明了它的反面呢！如果白人裁判对黑人球员特别宽松，那么黑人球员一看到是白人裁判就会格外嚣张。因此，有可能出现的情况是，如果裁判是白人，黑人球员犯规的次数高出了20%，但却因为白人裁判对他们太宽松，最后结果是他们犯规只多了1%而已。（同样的情况也适用于黑人裁判和白人球员。）

你也许会觉得这个理论难以置信，但关键在于仅有数字并不能反驳它。要想判定这个理论是否合理可信，你得了解下比赛规则以及裁判如何与球员互动——正如你想去研究学前教育产生的益处那样，你得先去学习下人的认知发展过程。因为有了理论，才使得获取知识变得可能。

事实上，过去几章的主题一再说明了获取知识是可能的。这就涉及一个问题：我们有没有可能知晓一切？你大概也听说过现代物理学就是建立在不确定性原理的基础之上，这一原则断言人类全知是不可能的。在接下来的一章中，我将会向大家解释下不确定原则的相关内容。

十四　知识的界限

宇宙不会参与掩盖丑恶。

——亚瑟·查理斯·克拉克（Arthur C. Clarke）

有时候模糊一点可以免去大量的解释。

——赫克托·休·芒罗（H. H. Munro）

本章将会充斥着谎言。因为接下来我将要向大家讲述量子力学的基础，而如果你对每个细节都要求详细讲解的话，我觉得你需要去找一本物理学教科书。之所以说是谎言，是因为我对物理知识进行了过度简化（以期）能够使本章容易理解，又不至于遗漏掉真正重要的内容。

我想要探讨下量子力学，是因为我们已经谈论到了知识这个话题，而人们常说量子力学从根本上限定了人类知识的界限，尤其是那个著名的（但也常常被误读的）不确定性原理。因此我认为比较好的做法是先来解释下这个不确定性原理到底说了什么，没说什么。

我们来假设一下，假如你在一个盒子里发现了一个电子。然而你看不到（因为它太小了），不过你可以想象它在盒子里面四处游走。如果你真的去搜寻它（比如用一个高倍放大镜），你有可能会发现它在盒子的左半部分或者右半部分。

但是此刻你并不是在看。你只是徒劳地在想电子到底在哪里。在大多数情况下，量子力学告诉我们要探究到问题的答案完全不可能。

这是从根本上限定了人类知识的界限，不是吗？并不是。这就是原因：多数时间里，电子是不存在的。问“电子在哪里？”这个问题就如同在问“电子最喜欢的电影是什么？”这样的问题毫无意义。无法回答没有意义的问题并不能从根本上限定知识的界限。

怎么能说电子不存在呢？这是因为你所熟悉的事物中没有哪一个的运动方式和电子一样。电子涉及的是量子态而不是具体的物理位置。那么什么是量子态呢？它就像是圆上的一个点。这里的圆并不是一个实物圆，它仅仅是数学上的圆。就如下图中的这个圆（先不要担心上面的标签是什么意思）：

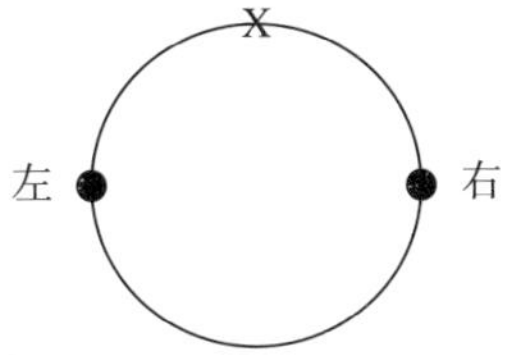

我用字母X标注出来了你所发现的那个电子的量子态。这个电子“拥有”自身的量子态就跟人们“拥有”思想一样的。这个东西你看不见，闻不着，触不到，也无法衡量；它没有颜色，没有具体的位置，也没有任何其他的物理属性。它只是存在着。

量子态绕着圆圈游走，而这个圆和量子态本身一样也是无形的。在这一过程中，它有时会经过那个标有“左”的点，在那一刻电子位于盒子的左半部分。一会过后，量子态又会经过标注着“右”的那个点，此刻电子位于盒子的右半部分。其他的时间，电子无处可寻。

那么现在我们假设你在电子无处可寻的时候去找电子，就会发生一些奇怪的事情：量子态会在你找的时候跳至圆圈上那个“左”或者“右”的点，所以这时电子有存在的地方，你也能够找见它。

量子态是如何抉择往哪里跳呢？答案是：大多数时候它会选择离自己最近的极。离哪个极越近，它就越有可能会选择那个极。如下图：

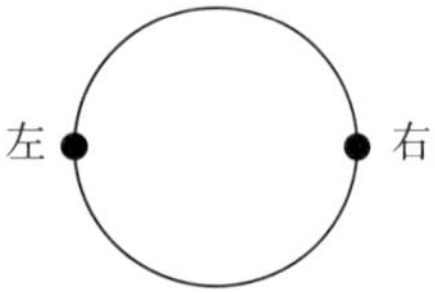

量子态极有可能——但也不是一定——会跳到右点。

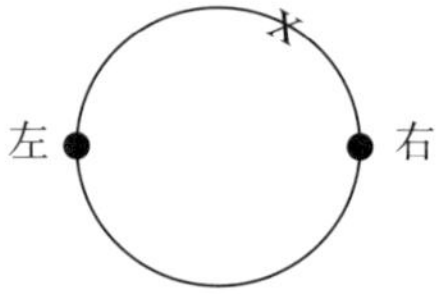

量子态跳到右点的可能性要稍大于百分之五十。

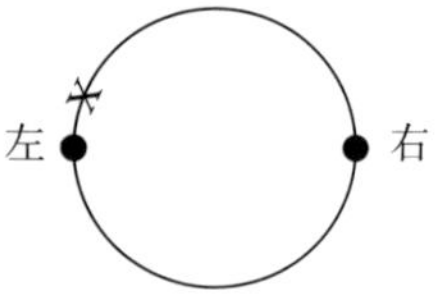

量子态很有可能——但也不是一定——会跳到左点。

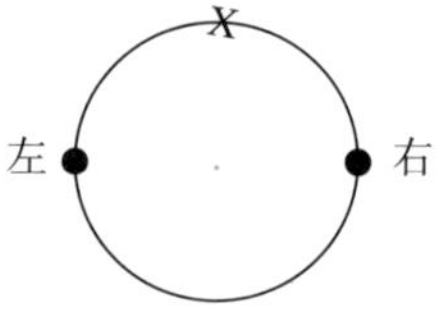

量子态跳到左右两个点的机会均等。

因为你的知识处于什么状态，这要取决于你的问题是什么。

•如果你问的是“电子在哪里？”，你的问题就毫无意义（除非量子态恰好就在圆的左或者右的那个点上）。这个问题无法回答，但只是因为这个问题没有意义。

•如果你问的是“电子的量子态是什么？”，你就能得到确切的答案。例如，一个小时前你去看电子，发现它在盒子的左半部分，那么你就知道一个小时前量子态为“左”。如果你还知道量子态绕着圆圈的运行速度（基础物理学就能告知你这一点！），那么你可以很容易计算出现在的量子态。

•如果你问的是“当我寻找电子的时候它会在哪儿呢？”，你不可能得到确定的答案。这是关于你预测未来的能力的一种界限，而不代表你目前知识的界限。

我们还没有谈到不确定性原理。对于这个原理，我们得想象着问另一个问题：电子以多快的速度移动？（这个问题和之前那个问量子态绕圆圈移动速度的问题完全不同！）这个问题最后也是毫无意义。一般来说，电子没有速度。（这并不意味着它是静止不动的；如果它静止的话，速度就是零。）但是这里有两个例外：当量子态接近圆圈的顶端时，电子会快速移动（即便它无处可寻！），而当量子态接近圆圈的底部时，电子移动缓慢。因此，我们自然可以如下方式来标注这个圆圈：

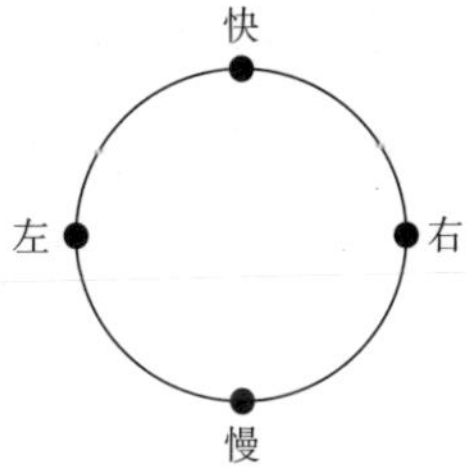

如果你决定去测量电子的速度，那么量子态要么跳到顶端，要么跳到底端，届时你就会发现电子移动要么很快，要么很慢。量子态距离顶端（或底端）越近，它就越有可能跳至那个端点。

例如我们来假设一下，量子态位于图中的X点：

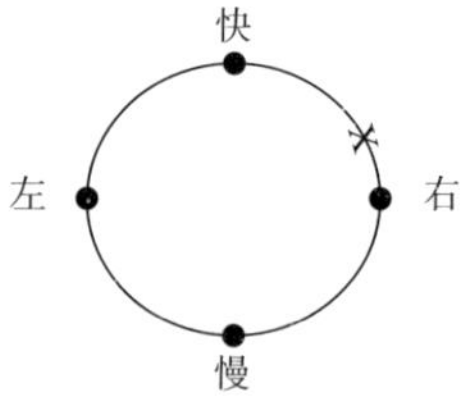

相对于左点，这个X点距离右点更近。因此，如果此时你测量电子的位置，你就有可能在右的那个点上找到它。不过X点距离顶端要比底端稍微近些。因此，如果你要测量电子的速度，你会发现它移动速度快的可能性要比慢的可能性大一点点。①对于位置测量的结果想必你已经有点不确定了，而对于速度测量的结果就更不确定了。

现在我可以向大家讲述下不确定性原理到底都说了些什么。它并没有那么神秘。它就是一个关于圆圈的事实，你很容易就能给八岁的孩子讲清楚：在一个圆环上，靠近左或者右的点大约位于顶端和底端的中间。靠近顶端或底端的点大约位于左点和右点的中间部分。

或者还可以换一种说法：每当你对位置的测量结果特别肯定

① 如果你要同时测量位置和速度呢？没有办法可以做到这一点。我是这样得出的结论：如果你要测量位置的话，量子态一定会跳至左边或右边；如果你要测量速度的话，量子态一定会跳至顶端或底端；即使是在量子力学这个神奇的范畴内，量子态也不可能同时位于两个位置。

时，你对速度的测量结果就会相当不确定。反之亦然。

这里我想强调一点：海森堡的不确定性原理仅仅是一个事实——而且也不是多么令人震惊的事实——就是关于圆圈的几何知识。在一些更为复杂的情境中，量子态的运行轨迹不是圆圈而是更复杂的几何体。尽管如此，海森堡的不确定性原理仍然只是一个关于这些几何体的简单的、直观的观察结果而已。

这个不确定性原理给人类的知识设定了界限吗？它并不能。就其本身而言，不确定性原理就是一点关于几何的知识，而人们在量子力学发现之前很久就已经熟知这些知识了。①

现在你应该能理解这个不确定性原理了。我还剩下一点点没讲：你并没有看着电子的时候，我是如何知道电子不存在的（至少在大多数时间里）？为什么不能说它存在某个未知的地方而是说它根本不存在呢？这本身就是一个故事。我将会在一个单独的章节中讲这一点。

---

① 量子力学——仅仅相对于不确定性原理而言——给人类的知识设定了界限吗？首先，量子态是完全可知的，因此我们了解现状的能力没有受限。那么现在的问题就变成了：量子力学给我们预测未来的能力设定了界限吗？这个答案要取决于得到一个位置的测量结果时你对于要发生状态的想法。一种解读是（上面我采用的那种），量子态要么跳至左边或右边的点，结果无法预测。另一种解读是，宇宙将自己分裂成几个分身，量子态在其中一些宇宙中跳至左边的点，而在另一些宇宙中跳至右边的点，这些完全都是可以预测的。（当然了，每个宇宙中都有一个你，你的一些分身只能看到向左跳，而另一些只能看到向右跳。）

十五　量子纠缠

那些首次接触到量子力学而并没有被震惊到的人不可能理解量子力学。

——尼尔斯·玻尔（Niels Bohr）

在这一章中我将会向你讲述四个简单实验的结果。我预料到你会觉得这些实验最后得出的结果几乎难以置信。但是请相信我，我并不是在说谎，至少涉及重大问题时并不是。（我保留讲一些无关紧要的谎言的权利，只是为了让某些内容更简单易懂。）

讲述完这些实验之后，我还会讲一点这些实验给物理学带来的深刻影响，以及对经济学可能产生的影响。在此过程中，我将会完成上一章中没有讲完的内容，我会解释下为什么我说电子通常根本不存在。

设想一下有一台机器摆在我们两家房子中间。每十秒钟，它就会造出来两个网球，并且这两个网球被抛向相反的方向，一个穿过你家客厅的窗户，另一个穿过我家客厅。

实验一：我们两个人都分别在自家客厅的沙发上坐一个小时，记下从窗户过来的球的颜色。大概有一半是红色，一半是绿色，并没有明显的规律。就比如，我可能这样开始列清单“红色，红色，绿色，绿色，红色……”随后，我们碰到一起，发现我们列的单子一模一样。我们又重复多次实验，然后发现你的清单总是和我的一样。

基于这个实验，我们有理由相信这台机器总是同时造出两个颜色一样的球，并同时向两个相反的方向推出去。

实验二：就和实验一一样，只不过我戴了太阳镜。当我们做这个实验的时候，我仍然看到大约一半红色的球和一半绿色的球，你也如此。对比彼此做的记录时，我们发现两个单子几乎一模一样，但并不是完全一样。例如，1000 次观察中，我们记录的 990 次颜色是一样的，另外 10 次是相反的颜色。我们也多次反复做这个实验，发现我们的结果总是有百分之一的颜色不一样。

基于这个实验，我们可以合理地认为是我的太阳镜使我偶尔会犯错——这里“偶尔”指的是“总数的百分之一”。毕竟从第一个实验中已经得出同时产生的两个球总是一样的颜色。如果我们看到了相反的颜色，那么我俩一定有一个人弄错了，而太阳镜就是最明显的诱因。

实验三：还是和实验二一样，只不过这次不是我，而换成了你佩戴太阳镜。这一次还是那样，我们有百分之九十九都是一样，百分之一的不同。

现在我们可以合理地得出如下结论：你戴上太阳镜后视力和我一样差。

实验四：这次我们两个都戴上太阳镜。你预测将会发生什么？

让我们来稍作思考。我们用到的假设为：其一，我们总是收到颜色一样的球。其二，太阳镜会导致偶尔出错。我的太阳镜导致我出错的次数大概是1%，你的太阳镜也有1%的时间会致使你出错。因此，在我们两个之间，犯错误的总数大概应该是2%。其余那98%的时间，我们应该记录的是一样的颜色。（实际上，我们可以做得更好，相同的次数应该超过98%，这是因为偶尔我们会同时犯错，这样就抵消了这一次。）

这可能是你期待的结果。事实上，结果正好和你的预期相反。我们的记录只有2%是一致的，剩下的98%都不一样。

让我们停下来思考一两分钟。你琢磨越久就会越觉得蹊跷。对于这四个实验结果找不出合理的解释。你觉得网球绝不可能是这样的。然而，电子却能发生这样的事情。

施特恩–格拉赫实验装置就是这样，这台机器一次产生两个电子，然后向相反的方向发射出，每天都是如此。电子没有颜色，但是它们却具有一种属性叫作“自旋”，它们有可能“加速自旋”或者是“减速自旋”。实验者并没有佩戴太阳镜。不过它们得来回倾斜测量设备。除此之外，这个结果和之前的网球实验一模一样。

对于记录中不一致的比例我有所夸张，不过是为了强调实验结果的不同寻常；而我们谈论到的这个电子的实验（取决于测量装置的倾斜度）差异率大约为25%，并不是1%。同我虚构的那几个实验一样，现实中几次实验的差异率也明显出现了自相矛盾的结果。所以说，我所讲的网球的故事在本质上是真实的。

让我们试着想一下网球的实际情况是什么样子。以下是一种观点：也许是那台机器在给网球染色之前感知到了我们的太阳镜！如果我们俩都戴上了太阳镜，它就会从“涂一对颜色一样的球”模式切换到“给大部分的成对的球涂不一样的颜色”。

这个理论很奇怪——机器怎么可能知道我们戴了太阳镜，而且这和它有什么相干？——但至少这个理论可以全部解释这四个实验。因此让我们用另一个实验再来验证下这一理论：在网球没有投射到空中之前我们暂且不会决定要不要佩戴太阳镜。于是机器就无法根据我们是否佩戴了太阳镜来对网球进行涂色。当我们进行这一新的实验时，最后我们得到了恰好一模一样的结果：不戴太阳镜时，我们的记录总是一致；当其中一个戴上太阳镜时，我们几乎总是一致；当我们两个都戴上太阳镜时，我们几乎从来不一致。这个理论就讲这么多吧。

好的，让我们再来尝试下别的：也许当网球抵达我们客厅的那一刻看到我们戴了太阳镜，就会向同伴发送即时通信："喂！我这边的家伙正在戴太阳镜！你的也是吗？如果是的话，我会变成红色，然后你变成绿色！"这真的是一个令人绝望的理论，但至少它似乎能解释问题。对于这个理论我们可以这样来验证一下：把两栋房子隔得足够远，这样它们发送的即时信息就不能及时到达对方那里。（即使是通过互联网，也没有什么信息的传播速度能超过光速。）这样实验结果又一次无法改变。又一个理论败下阵来。

听起来也许匪夷所思，但下面这个解释已经算是最不奇怪的一个了：球在离开机器的时候并没有被着色，但是当我们看它们的时候，它们有责任自己去获取颜色，然后通过一定的方式协调这些颜色。即便在无法相互沟通的情况下，这些球也努力去完成它们的这一使命。

爱因斯坦觉得这个理论太怪异以至于无法接受，他戏称这个理论为"幽灵般的超距作用理论"。爱因斯坦那时并不知道，但是我们现在知道换作别的任何一种解释会更吓人。（这些基本上就是"贝尔定理"的内容，爱因斯坦去世大约十年后得到了证明。）爱因斯坦那时候本来考虑的是实验一、二和三，他坚信一定会有个更为合理的解释，他这样想并不是没有道理的。但是当约翰·斯图尔特·贝尔（John Stewart Bell）指出任何一种解释都必定能够解释实验四时，很显然爱因斯坦的乐观就有点说不过去了。

在我这篇关于网球的小说中，我们研究的是颜色。而在对应的现实世界的实验版本中，我们研究的是旋转。但是量子力学告诉我们——而且也得到了实验印证——同样的测量决定着电子所有其他可观测到的属性，包括它的位置和速度。电子不会旋转——也没有位置——直到你看它们的时候才有。

相似的测量、相似的实验和思维实验告诉我们，电子只有在我们看它们的时候才有其他别的属性。在上一章中我们有讨论过，电子的确有量子态。但是它们却没有传统的属性，比如位置。

现在转到具体的应用上来：假设你和我玩一个游戏，我们俩被安置在两个不同的隔间里，中间可能间隔几里地。不许我们以任何方式相互交流。裁判通过网络摄像头对我们俩进行观测。我们俩得说一种颜色，要么“红色”，要么“绿色”。如果我俩说的一样，我们就赢了。

有一个简单的方法可以使我们赢得这个比赛：我们可以提前约好一直同时说“红色”。

不过现在我们加进去一个元素，这样游戏会变得更复杂一点。

被安置到隔间以后，我们需要在说颜色之前抛硬币。还和以前一样，如果我们同时说出一样的颜色就赢了——除非两个硬币都显示背面，这种情况下我们得说出相反的颜色才算赢。

如果还坚持用那个办法——我们俩一直说“红色”——我们赢得比赛的概率为四分之三。只有当两个硬币的背面都朝上时，我们才算输，而这个情况出现的概率只有四分之一。

这已经很不错了。我们能做得更好吗？

在一个受古典物理学支配的世界里，我们办不到。问题就在于我们俩没有人有办法知道什么时候两个硬币会同时背面朝上。我们还是坚持原来那个办法，欣然接受四分之三的胜算率吧。

但是假如我们恰好拥有一台投掷量子网球的机器，我们就能有更大的胜算。首先，我们让它每次投给我们每人一个球。然后我们不要看就把这些球塞到袋子里，之后随身带到比赛的隔间里。下面我们来遵循这一策略：

如果你的硬币出现的是正面，那就不要戴太阳镜。如果出现的是反面的话，那就戴上太阳镜。然后你再看网球，并说出它的颜色。

如果两个硬币同时正面朝上的话，这种情况就是实验一。我们两个都不戴太阳镜，如此就能够确保成对出现的球颜色是一样的，这样我们保准能赢。如果我的硬币背面朝上，而你的正面朝上，这种情况就是实验二。这次我戴上了太阳镜，那么我们有99%的把握球是一样的颜色，于是我们赢的可能性就是99%。如果你的硬币正面朝上，而我的反面朝上，那就是实验三。这次我们同样有99%的概率确保两边的球是一样的颜色，我们赢的概率还是99%。而如果两个硬币同时背面朝上的话，这种情况就是实验四。这样的话我们两个都戴上了太阳镜，那么两个球颜色相反的可能性为98%，这样正好符合两个硬币反面都朝上的获胜条件。在最坏的情况下，我们获胜的概率为98%。

我们作弊了吗？绝对没有！规则上说的是"不要沟通交流"，而我们并没有交流，我们的球也没有。毕竟，交流需要交换信息，在此期间，没有信息得到交换。看着我这边的网球时，我并不知道你是否戴着太阳镜，而且我也不知道你正在看的是哪个颜色。我所有知道的东西都是在进入隔间之前知道的那些——我们赢得比赛的胜算很高。

如果裁判要改变比赛规则说"不要交流，也不要用网球"的话，会怎么样呢？那么，我们当然就是在作弊了。但是他怎么会抓住我们作弊呢？你要记得这个故事的现实世界版本中，我们探讨的是电子，而不是网球。人体内大约有10^{28}个电子。你并不能指挥说不让参赛选手携带电子进入比赛隔间内。与此同时，裁判根本无法辨识出哪些是出自施特恩–格拉赫实验装置产生的"特殊"电子。

（从另一方面来讲，你和我得想出一个办法来把这些电子和环绕在我们身上的那 10^{28} 个电子区别开来，这可不是个小问题。）

如果你和许许多多的本科生一样，更喜欢那些“商业导向型”的应用，那么想象一下现在你和我的身份不是游戏竞赛节目的参赛选手，而是美利坚航空公司和美国联合航空公司的董事长，现在我们的任务是设定机票价格。我们想要协调下双方的战略意向，但是司法部已经明令禁止我们私下串通。我们彼此手里只掌握了部分需求状况信息（就类似我们只能看到一枚硬币翻面的结果），然后我们只能根据这部分信息宣告机票价格。这个故事不难编造下去，我们双方都想要宣告相同的价位，除非我们双方掌握到的需求信息都很不乐观，这样的话我们就会制定不同的价格（这样我们就有一方可以垄断高价区，而另一方可以垄断低价区。）

我们彼此得到的市场需求信息就像两个人抛硬币一样——抛硬币的结果是正面或反面，而需求信息不是乐观的就是悲观的。我们的目标是宣告同样的价位，除非我们同时得到了并不乐观的需求信息，在这种情况下我们就想要制定不同的价位。我相信你能明白之后会发生什么。

就给这么一个人造的例子？当然是。它是纯粹的科学幻想？并不完全是。现在的话，你需要一个物理实验室去应用量子技术。而几十年之后呢？你可能只需要一台 500 美元的量子电脑。

The Big Questions

第四部分

对与错

就像人体的其他东西一样，我们在道德方面的本能不断地发展进化，一定也是为了提高人类在某种环境中的繁殖适合度。但是就像我们在食物选择方面的本能一样，我们在道德方面的本能并没有很好地适应现代世界。因此——同时还因为我们并不仅仅关注繁殖适合度的问题——我们的本能应该被重新检验，并不定期更新。在今天的世界，我们最好不要去干“大吃肥肉为荒年积蓄皮下脂肪”或者“向敌人抛掷排泄物”一类的事情。

道德哲学就是试图在人类错综复杂的直觉体系中找出共同线索，然后以某种连贯的方式加以组织，可能还可以通过这些联系的结果来更新我们的本能。道德哲学有两种形式。其一是道义论哲学——它对一定的行为做出评判，比如，它判定谋杀从绝对意义上来讲是错误的；还有一种是结果主义哲学——它通过行为产生的结果来评判行为。在第十六章中，我将举出一些道德两难困境的通用范例来突出说明两者之间的区别。

第十七和十九章讲述的还是道德哲学，我将其称为“经济学家的黄金准则”，我希望能说服大家把它们拿来当成日常生活中个人良好行为的参考指南。

在这些章节中，我将主要讨论我们为自身设定的做人标准，通常我们并不会拿这些标准去要求我们的朋友或政府。或许你会有一种强烈的道德冲动，去给牛津饥荒救济委员会捐款，过守身如玉的生活或者投票给共和党，但是你不能去要求所有的好人都像你一样这么做。你可以不信所有种族歧视性的言论都应该被禁止的主张，但你可以拒绝容忍有人当着你的面发表种族歧视性的言论。虽然我会集中力量来讨论个人道德规范，但我的探讨将会超越这些范围，进而大幅涉及对于邻居和政府我们希望他们怎么做。

在第二十章和第二十一章中，我将会谈论到公平，这一点和道德并不完全一样，但两者肯定有密切的关联。

在整个探讨过程中，我们也会穿插讨论一些话题：生命与死亡、印制假钞的经济学、充满社会责任感的职业选择、美国移民政策的道德基础、气候控制的原理与平权行动以及古老神秘的犹太人著作《塔木德》。

十六　辨别是非

善良比邪恶更有益，因为它更令人愉快。

——潘西·约卡姆（Pansy Yokum）

我们如何辨别是非、区分善恶呢？有时候很容易判断：肆意谋杀一定是邪恶的。有时候就很难，至少颇有争议：堕胎是邪恶的吗？死刑、发表种族歧视性的言论或者投票给美国共和党，这些是邪恶的吗？你或许会觉得某些答案显而易见，但你身边肯定有人跟你意见相左。

在这儿我们需要的是一种道德哲学——它提供了一种评判标准，可以使人们决定什么是正确的、什么是错误的。

哲学家们一直以来都在探求一种终极道德理论，但我怀疑他们都误入歧途了，做了些无用的努力。和其他任何与我们有关的事物一样，我们在道德方面的本能只是在人类进化过程中偶然出现的东西；很显然，由超智慧的猫咪组成的社会中的道德预期，必然和由我们这些超智慧的猿猴组成的真实社会里的道德预期标准完全不一样。考虑到这一点，我认为，寻求那个唯一正确的终极道德理论跟寻求唯一完美的终极消化系统一样，都是徒劳无益的。

道德不过是一种生物学意义上的偶然事件，但这并不意味着我们就该对它置之不理。事实上，我们所关注的一切事物几乎都是生物学意义上的偶然事件。例如，绿色也是一种生物学意义上的偶然事件。你家草坪上的草和你圣诞节穿的毛衣上的羊毛反射出的光完全不同；只是我们的眼睛和大脑把这两种模式解读成了“同样的颜色”。如果我们的眼睛和大脑演变成了不同于今天的样子，那么或许你家草坪的颜色看起来就和消防车的颜色一样，而你的毛衣或许就会跟鸡蛋黄的颜色一样。然后，我们会分别给那些颜色命名，但这些颜色中绝对没有哪一个会是我们现在所称的“绿色”。

关于这一点，时间——或者最起码时间和空间之间的严格区别——也不过是一种生物学意义上的偶然。物理学家理查德·费曼（Richard Feynman）曾经邀请他的学生们一起想出一种可以将“宽度”和“深度”感知得完全不同的生物。只不过这种生物不能够理解对你我来说显而易见的事情，即宽度和深度之间的区别并不是物理学意义上的事实，只是观点上的差异。当提及时间和空间时，你我也会像这个生物一样。有一个事实我们一直视若无睹，那就是时间和空间两者的区别也只不过是人们在观点上的差异而已（还有一个事实：时间和空间可以通过极速运转而部分互换，就像宽度和深度可以通过绕着某个物体行走，然后半道转弯而发生转换一样）。时间就是人类大脑的产物。

颜色只是一种生物学意义上的现象，但这并不意味着我们可以对棕色和紫色染发剂之间的区别漠不关心。时间也只是生物学意义上的现象，但这并不意味着你可以在聚餐时迟到。道德也一样，也只是生物学意义上的现象，但这并不意味着你可以把你的邻居当成练习打靶的对象。

我在这里真正想要表达的是，道德真理无法超越人类经验而存在于某些抽象的范围内。很有可能，我们顶多能够从书架上翻出某些道德哲学理论，然后试着用它们来安慰自己。从我个人角度来说，我总是会去寻找一些十分简单且内部一致的东西，不过最重要的是，这些东西得符合我们最强大的道德本能，即认为人们总是可以把幼儿的耳朵切下来的哲学理论就是一种糟糕的哲学。

现有的哲学可以粗略地分成两种：结果主义哲学按行为产生的结果来评判行为，而道义论哲学按行为本身的正当性来判断是非。

如果这样讲太过抽象的话，这儿有一个具体的例子：一个面容憔悴、心烦意乱的女人从你身边跑过躲进了胡同里。两分钟后，一个看起来气得发狂的男人带着斧头向你问话：“她往哪个方向跑了？”撒谎是不是正确的？极端道义论哲学认为撒谎是错误的，这没什么好讨论的。而结果主义哲学会允许你为撒谎而感到高兴，因为你这样做就会挽救一个女人的性命。

不过，并非每个道义论哲学家都认为撒谎总是错误的，但每个道义论哲学家（按照定义）都会相信某些事情总是错误的。道义论哲学的观点我无法苟同，这是因为我想不到有什么事情总是错误的。我会很愉快地把幼儿的耳朵切下来，以便为他根治疟疾。

另外一个例子：我们都知道在大街上边走边拿着机关枪随意向四周扫射是不对的。为什么说它不正确呢？道义论哲学家会认为这种行为本身就不对，因为它属于在他人非自愿的情况下侵犯他人身体。有时候你会听到这一类原则以口号的形式表达出来，例如，“做你自己的事情，但是别在我背上就行”。

但是，如果把这当成行为指南却完全行不通。从字面上来看，它是一种完全不能发挥作用的方法。“别在我背上”的确切界限是什么？比如，你在窗口放一盏100瓦的台灯，每秒它会向路过的陌生人身上发射一亿个的光子。这样你不仅仅作用在人家背上，你还作用在了他的其他器官上。

我们都一致认为开台灯是可以接受的，而连续谋杀则不可以。但我们要怎样才能在那片广袤的灰色区域中清楚地划出正确与错误的界限呢？①

道义论哲学之外的另一种选择就是结果主义哲学：只要结果是好的，撒谎就是对的；而只要结果有害，撒谎就是错误的。让光子射过其他人的身体是可以接受的，因为光子对人体造成的伤害微乎其微；让子弹射向其他人的身体通常很不妥，因为结果很悲惨。

哲学家们经常使用道德两难困境的通用范例来区分道义论哲学和结果主义哲学。下面便是两个近来颇受关注的范例：

有轨电车问题版本一：一辆有轨电车在沿着轨道失控般地疾驰，它正朝着被疯狂的哲学家绑在轨道上的5个无辜的人逼近。你可以切换轨道开关让这辆有轨电车变道驶入另外一条轨道，从而避免这场灾难。不幸的是，另外那条轨道上也绑了一个人。那么，切换轨道开关这一行为在道德上是可以被容许的（或在那种

① 你可能会忍不住觉得这个答案显而易见：光子，并不像子弹那样，人们并不反感它们照到身上。但我认为那根本就不算是答案——假如说正好有个怪人经过你的窗前，而他就是介意你的台灯发射出来的光子，我不认为你会为此向他道歉并且把灯灭掉。

情况下在道德上是有义务这样做的）吗？

有轨电车问题版本二：一辆有轨电车在沿着轨道失控般地疾驰，它正朝着被疯狂的哲学家绑在轨道上的5个无辜的人逼近。你可以把一个无辜的人推倒在这辆有轨电车前牺牲掉，这样列车就会停下来。那么，把一个无辜的人推倒在这辆有轨电车前牺牲掉的行为在道德上是可以被容许的（或在那种情况下在道德上是有义务这样做的）吗？[①]

根据调查结果，大多数人都会选择版本一里那个切换轨道开关来救人的办法，而不会选择版本二里那个推倒一个无辜的人来救其他人的办法。这样或许对道义论哲学家来说完全讲得通：把无辜的人推倒在有轨电车前的做法是不对的，即便这样可以挽救更多的生命，你也不应该那样做。而对结果主义哲学家而言，这就很麻烦了。两种办法产生的后果恰好是一样的：5条生命获救，一条生命牺牲。如果行为一定要根据其结果做出判断的话，那么切换轨道开关和推倒一个无辜的人这两种行为应该是一样好（或者一样不好）。

有趣的现象是，那些大脑中额叶前部皮层受损的人会更容易给出本质上类似结果主义哲学家的论调：他们会切换轨道开关，也会推倒一个无辜的人。也许这些人当中也包括我，因为当我头

---

① 为了讨论方便，我们假设这是不可能的，以防你为了炫耀道德优越感而计划着自己跳到那个电车前；而你太小了，根本挡不住电车。

一次听到这些问题的时候，我觉得答案显而易见，在两种情况下，我们都有道德上的义务为牺牲一个人来拯救5条人命。事实上，令我惊讶的是，我发现没有人——更不用说一大部分人——会认为还有别的什么办法。

当然，如果将要被推倒在疾驰的电车前的无辜者就是我的话，我的感觉可能会完全不同。不过这就变成了一个事关自身利益的问题，而无关道德。道德判断的本质恰恰是它们必须和自身利益剥离开来。

换句话说，当你能够忘记自己是谁、不计较要面对的风险时，你做出的那些判断才是道德判断。有没有一种道德义务要我们只向有钱人征税并分给穷人呢？对于那些答案是否定的有钱人和答案肯定的穷人，我们应该去质问下他们的动机。那些不记得自己是富有还是贫穷的健忘症患者才是值得信任的人。

这种“失忆症原则”是我们从经济学家约翰·哈萨尼（John Harsanyi）那得知的，他曾经获得过诺贝尔奖。在转到经济学领域之前，哈萨尼曾在他的祖国匈牙利获得过全国数学竞赛冠军，之后还取得了哲学博士学位。哈萨尼一度对这样的问题很痴迷：我们每个人每年都赚5万美元更好，还是我们当中2/3的人每年赚6万美元而其余1/3的人每年赚4万美元更好呢？当然了，这里问题的关键在于：“更好”到底所指什么？按照哈萨尼的看法，更好的世界

（按其定义来说）就是你并不知道自己会成为那 2/3 高收入中的一员还是 1/3 低收入中的一员，你还愿意投胎到的这个世界。

你还可以换一种措辞来表述这个问题：如果世界上只有三个人（我们暂且称呼他们为曼尼、摩尔和杰克），三个人都赚 5 万美元更好，还是说曼尼和摩尔一年赚 6 万美元而杰克只赚 4 万美元更好？按照哈萨尼的说法，问题的答案就是当你患上失忆症不确定自己是谁时给出的那个答案。

但我们很难去想象患上失忆症是什么样子，会有什么样的思维，所以我们很难去相信人们对于“如果你陷入失忆症状态……”这一类问题所给出的回答。解决这个难题的办法是：忽略人们所说的，而去观察他们的所作所为。比如说，去找一个销售人员，他曾经要在两种选项中择其一，其中一份工作是 5 万美元年薪，另一份工作的待遇是 2/3 的机会拿 6 万美元年薪而 1/3 的机会拿 4 万美元年薪。他做出的选择会告诉你他更倾向于哪一种收入分配。如果你发现许多销售人员在类似的情况下都做出了类似的选择，你就有理由做出关于哪个世界更好的推断。

这个例子有点抽象。在现实世界中，制定政策的人并没有一个收入分配列表可供他们选择。反过来，他们会去采取一些措施，比如设计税收制度和福利方案一类的东西，以期对收入分配产生间接的影响。1996 年，英国经济学家詹姆斯·莫里斯

（James Mirrlees）和加拿大裔美籍经济学家威廉·维克瑞（William Vickrey）获得了诺贝尔奖，部分原因是他们改写了哈萨尼的“失忆症原则”，如此它就可以拿来解决现实世界中的政策问题了。

我想把“失忆症原则”应用到上面提到过的有轨电车这个问题上。在版本一中，有5个人被绑在一条轨道上，而另一个人被绑在另一条轨道上。如果我依靠某种方式忘记了自己是谁，我至少知道：我成为那5个人当中的一个的可能性是我成为那倒霉的另一个人的可能性的5倍。因此，如果你不去切换轨道开关的话，我惨死的可能性就会增大5倍。这样的话，我希望你去切换开关。

在版本二中，5个人被绑在一条轨道上，而另一个人正处于被推倒在飞奔的有轨电车前牺牲掉的危险中。我作为一个失忆症患者，知道我存在于那5个人当中的可能性是我成为那个无辜的即将被牺牲掉的人的可能性的5倍。所以，如果你不把那个无辜的人推倒在有轨电车前，我死掉的可能性会增大5倍，因此我希望你把他推倒。

从某种意义上来说，我心头的这些盘算完全是自私自利的，但从另一种角度来看，它们就有可能完全相反。只要我不知道自己是哪一个（而且只要我成为这些人当中任何一个的概率相同），我的这种“利己”就代表了每个人的利益。我们在做出道德判断时这一点是必须的，同时这就是我相信我们在道义上有责任去切换轨道开关并把无辜的人牺牲掉的原因。

现在，如果我的听众中有哲学家，并且他们对于本职工作尽职尽责的话，他们必定会尽可能地把我的推理发挥到极致，这样会让我有点不舒服。比如，哲学家朱迪丝·贾维斯·汤普森（Judith Jarvis Thompson）就提出了这样一个问题：

> 关于医生的问题。一位杰出的器官移植外科医生现有5个病人，他们每个人需要的器官都不一样，而且都是不接受器官移植就会死亡。不幸的是，现在并没有可用的器官供医生给他们做移植手术。而就在这时，一个健康年轻的旅客正好路过这个医生所在的城市，他到医生这里进行常规检查。在检查时，医生发现他的器官正好和这5个垂死的病人所需的器官相匹配……

正如前面所述，回答这个问题很容易。如果医生常常可以从偶然路过的游客身上摘取一些健康器官的话，一定没有人想要生活在这样的世界里，其中的缘由不难解释。首先，你都没有什么动力去好好照顾自己；如果说健康的心脏很容易被当成公共资源随意摘取，那么生活在这样的世界里，你何苦还要费心关注自己的胆固醇摄入量呢？其次，外出旅行会急剧减少。我宁愿错过美国经济协会的下一次年会也不愿外出，因为外出就会冒着变成医生猎物的风险，而这个医生的处事原则有点玩世不恭（想摘除谁的就摘除谁的）。

因此，为了让问题变得更有趣，我们需要对它进行改写，改写后的故事不会再威胁到健康人士，并且还要清晰地表明这只是个一次性事件，不会波及未来的旅客。我的同事罗曼·潘克斯（Roman Pancs）提出了如下建议：

> 医生问题修改版。一个疯狂的哲学家非法拘禁了6名游客，他从前5名旅客身上分别割掉一个重要的器官，然后再丢弃。就在他即将从第六个旅客身上割掉一个重要的器官时，被突然的闪电吓坏了。这个疯狂的哲学家随即逃之夭夭。外科医生来到了现场。

如果没有健康器官进行移植的话，那五名游客都会在一个小时内死亡。健康器官的唯一来源是第六位游客。

医生应该杀掉这个人来拯救那5个人吗？“失忆症原则”似乎要同意这个做法，但你的大脑额叶前部皮层很可能不同意。这个问题几乎让所有人看到了道义论哲学家的本质。这些哲学家们认为，无论后果如何，未经允许而杀人就是错误的。

另一方面……摘取第六个游客身上的健康器官与切换轨道开关，这两种做法到底有什么不同呢？对此我没有合适的答案。或许在这种情况下，我们的道德本能恰恰是错误的，或许医生应该杀掉第六位游客。

在大多数情况下，就像我相信我的眼睛一样，我也相信我的道德本能。但有时候我的眼睛也会欺骗我，甚至有些光学错觉可能欺骗几乎所有人的眼睛。在这里，我认为汤普森教授提出的医生问题可能是一个会导致几乎所有人都会误入歧途的“道德幻觉”。而道义论哲学的目的就是要打破道德幻觉。

在这一方面，经济学家们可能会比许多哲学家更具有前瞻性（或者可能更具有思辨性）。最近，我偶然在一位杰出的哲学家写的一篇论文中看到了这个案例：头痛问题。10亿人正在遭受比较轻微的头痛困扰，这种情况会持续一个小时，除非我们杀掉一个无辜的人，只有这样，头痛会立刻停止。杀掉那个无辜的人可以吗？

事实上，我不明白为什么这也算得上一个两难的问题；答案是肯定的，任何一个经济学家都会认为理由非常显而易见。哲学家用同样的理由得出同样的结论，却花费了整整40页纸来讨论并最后宣布答案是“反直觉的”。

经济学家这样来看待这个问题：首先，几乎没有人愿意花一美元来逃脱10亿分之一的死亡概率（例如，通过对人们购买汽车安全防护用品的意愿性的相关研究我们就能得出这一点）。其次，绝大部分人——至少在发达国家，我假设这里会发生这些事情——人们将乐于花一美元去治疗头痛（事实上我并不知道，但这似乎是很有可能的）。最后，从这件事情中我得知，大多数人认为头痛比10亿分之一的死亡概率更糟糕。所以，如果我可以用你10亿分之一的死亡概率来代替你的头痛，那么我就是帮了你一个忙。而我所需要做的事情就是随机杀掉一个头痛患者。

如果有哲学家觉得这个结论奇怪并且违反直觉的话（尽管很令人信服），他们在这个现实世界中的生活经验一定很少，现实中我们一直就赞成随机杀掉一个人。我们明明知道会有一些人因此而死，我们还是会去开车、修建游泳池、使用排水沟清理器、喝龙舌兰酒。修路工人牺牲了自己的生命，这样别人才能开车到歌剧院听剧，那么，为什么人们不可能为了治愈其他人的头痛而去死呢？

十七 经济学家的黄金准则

见人之得，如己之得。见人之失，如己之失。

——《太上感应篇》

上一章讲到了电车轨道、疯狂的哲学家以及需要随机杀人才能治愈的大众头痛——我认为通过对这些极端案例的假设进行思考使我们学到了很多知识。不过早晚有一天我们需要把这些知识转换成指引我们每日言行的实用指南。

“不要对他人太糟糕”，我们所有的道德准则归根结底都是从这个主题演化来的。不过没有一个人——或者几乎没有人——认为我们对他人应该像对自己一样好。如果你现在拥有两个完整的肾脏过着正常的生活，这就表明你已经选择忽略那些成千上万个透析患者所忍受的痛苦，若能装上你那个捐出来的肾，他们就能好好利用。有些人会因为这个想法而略感不安，但是几乎没有人会深感不安而真的去做这件事情。一般来说，我们都觉得把我们自己、家人及朋友照顾好就行了，陌生人受苦也是可以接受的。

不过，从另一方面来讲，也几乎没有人认为可以从陌生人那里偷东西，至少在正常情况下不可以。当你仔细想想这件事情，你会觉得有点怪怪的。为什么眼睁睁看着一个人因为肾病死去就是可以接受的，而从别人柜子里偷走一毛钱就不可以了呢？

道义论哲学家给出的答案是偷窃是不对的。对于这个答案我深表赞同，但是我也有颇多疑虑。是什么决定了偷窃是错误的？是不是因为我们都有权利控制自己的财产？如果是这个原因的话，那么为何我打开台灯让光子射向你随身带的东西（更不用说你的身体）就是可以的呢？

另一个答案更微妙——更接近结果主义理论——偷窃不对是因为它具有破坏性。一起精心策划的盗窃案毕竟需要时间和精力，而这些时间和精力本来可以用在更有生产力的事情上。比如说我花了一个小时的时间偷了你的自行车，我们之间仍然还是只有一辆自行车；如果我把这个时间花在制造（或者赚钱去买）一辆自行车上面，那么我们就拥有两辆自行车。通过把生产性资源从生产性活动中动中转移出来，盗窃让世界变得比原本更穷。

世间存在着充分的结果主义哲学理论，它们被用来支持希望我们的世界变得尽可能的富有这一想法，同时世间存在着充分的结果主义哲学理论来支持反对盗窃的想法。同样地，世间存在着充分的结果主义哲学理论，它们被用来支持普遍地尊重个人财产所有权、公平地对待每个人，给他们以尊严这一想法。换句话来说，世间也存在着充分的结果主义哲学理论来支持那些表面上似乎符合道义论哲学的立场。

我认为这一点能够解释清楚很多我们对于公平和品行良好的观念。我们有时候会遵从那些听起来属于道义论哲学的原则，最后却要用结果主义哲学的思维来判断。

我一直很喜欢一条结果主义哲学的经验法则，我用它来评判哪些属于良好的行为，因为我觉得这条法则可以涵盖我们大部分的道德直觉。概略地来说，这条法则可以表述为“不要把这个世界搞得比一开始的时候更糟”。由此我们可以得出一条推论，即“不要把宝贵的时间和精力以丝毫没有产出的方式浪费掉”。

这里的产出应该从广义上来理解；如果你在做的事情能够产生一些价值（可以是对任何人，包括你自己），那么此时就是有产出的。只要你喜欢玩填字游戏，那么就算耗费一整个下午的时间钻研一个填字游戏也算是有产出的。只要你的行为所带来的效益（可以是对任何人，包括你自己）超过了成本（也是指对任何人，包括你自己），你就是有生产力的。

我把我的这条经验法则称为“经济学家的黄金准则”（Economist's Golden Rule），或者简称“EGR”。如同古老的金科玉律一样，这条准则也告诫人们要像爱自己一样热爱自己的邻居。无论是你自己感受到的还是你的邻居感受到的，或者是廷巴克图的一个陌生人感受到的，成本就是成本，收益就是收益。[①]

经济学家用美元为单位来衡量成本和收益，具体的原因我希望我能表述清楚。就开车去杂货店而言，这种行为产生的效益就是你愿意为能开上车这一特权所愿意付出的最高金额。这一行为的成本就是我们其他人为转移你的碳排放所愿意付出的最高金额。

那么为什么成本和效益要用美元而不是别的方式来衡量？先容我解释一下，之后我们再讨论这个问题。

如果你是按照经济学家的黄金准则来生活的，那么你就不太可能在隔音效果不太好的公寓里大半夜把音乐开得很大声。这是因为听音乐（对你）产生的美元价值几乎不会超过一晚安眠（对你的邻居）所产生的美元价值——或者，如果你周围有10个邻居，这时候应该衡量的就是10个人拥有整晚好睡眠的价值。如果每个邻居失掉的宁静时光按50美元来算的话，那么你的音乐成本

① 在第十二章中，当我们谈论到污染到什么程度是适量的（或者从猪身上抽取多少血才是适量的）这个话题时，我就用到了经济学家的黄金法则，当时我实质上是借此来限定“更好的”结果这一概念。

最少要值500美元，这里的“值500美元”就意味着你为了获取听这些音乐的特权真的愿意支付500美元。

即便是你真的热爱音乐——即便你热爱到觉得它真的值500美元——你也无法证明半夜大声放音乐是有道理的，除非这样做的价值至少比你戴着耳机听要多500美元——或者比等到天亮了邻居们都去上班后再听要贵500美元。

可能你会反驳我，理由是违背邻居的意愿把他们吵醒这样做总是不对的，但你这样说很有可能是因为你还没有完全领会这个例子的精髓。根据经济学家的黄金准则，它允许你吵醒你的邻居们，不过只是在你听音乐——而且是现在听到、不通过耳机听到——同时这件事情对你非常重要的时候。一直以来我们就准许这种例外。通常情况下，如果你在车流中穿来穿去会让别人觉得你很混蛋。但是如果你是为了着急把孩子送到急诊室——或者是着急赶到一个重要的商务会议——通情达理的人大概就会通融，放你一马。经济学家的黄金准则就是用来告诉人们什么时候可以通融——以及什么时候不可以通融。

我的学生有时候也会提出异议，他们说这个经济学家黄金准则是一个糟糕的衡量标准，因为这个准则允许有钱人对穷人肆意欺压。比尔·盖茨的投资收益平均每天都超过100万美元。如果听音乐的是他，他想把音响声音调大，那么他有可能为了获取听音乐这一特权而乐意支付1万美元，而且一分也不会少。这时候假如他的10个邻居都很穷困，他们每家可能只能凑出10美元来阻止他，即便这个声音使他们非常苦恼。我们真的认为盖茨吵得邻居们整晚不得安宁这件事情是可以接受的吗？如果有经济学家在看到这些原始数字时还执意断定盖茨比他的邻居们更关心这个问题，那么他们得有多疯狂、多么鼠目寸光？

问题的答案牵涉到了我们用美元来衡量成本和收益的核心原因。答案并不是多么复杂，但是它和经济学上的任何东西一样被人们广泛误解。让我尽一点自己的绵薄之力来消弭这个误解吧。

那么，以下就是问题的答案：没有人——即便是疯狂、目光短浅的经济学家也不会——认为美元的价值就代表了“关心的程度”。经济学家思考的完全是另一码事儿。

他们想的是：对盖茨来说，关掉音响就表示他要做出1万美元的牺牲。如果我们准备让其做出这个牺牲，难道让他捐出1万美元不会让整个事件变得更有意义吗？诚然，邻居们一定乐意拿一晚的宁静来换取现金。

盖茨完全可以自由决定在任何他希望的时间把钱交给邻居们。不管怎样，他也可以选择不这么做，而我们也可以选择不去强迫他这么做。如果他不愿意拿出1万美元给其他人的话，那么他为什么要牺牲价值1万美元的音乐享受而去换取邻居们价值100美元的睡眠呢?

在盖茨是否应该给大家钱、这样做是否出于自愿(比如通过税收系统体现出来)这个问题上，经济学家的黄金准则并没有什么立场。它只是表述出了如下观点：如果盖茨确有做出 1 万美元牺牲的话，他不应该关小音响，而是应该把这些钱分给大家。

像盖茨这样有钱的人们是否应该为你我这样的中产阶级做出牺牲呢？有人说不应该，有的人认为应该。如果你认为不应该的话，那么就别去向盖茨要求任何好处。如果你认为应该的话，那么就去找他要钱。无论通过哪种方式，如果在盖茨已经愿意给钱的情况下，还向他要求一整晚的宁静，这是一种不可理喻的行为，这样什么都得不到。经济学家的黄金准则就是要用美元来衡量价值以便排除掉这种不可理喻的行为。①

慈善活动本身既不会产生破坏性也不具有生产性，它只是把钱从一个人的口袋挪到了另一个人的口袋。因此，在慈善捐助多少钱合适这个问题上，经济学家的黄金准则并无什么立场。它允

① 这个推理(至少)存在一个问题，那就是需要弄清楚一晚的宁静对你来说“价值”100 美元到底是什么意思。这是你愿意为消除音乐声付出的代价呢，还是你愿意为忍受它而接受的价格？而这两个数字不一定是相等的，不过当它们差别特别大时，我的观点就会显得不那么连贯，这样就更难来阐释经济学家的黄金准则了。幸运的是，经济学理论给我们提供了充分的理由相信这两个数字通常都很接近。不幸的是，“通常接近”和“一直一样”还是有区别的。

许我们每个人按照自己的情况做出决定。如果慈善行为变成了一种道德需要，那么经济学家的黄金准则确实就是一种不完备的道德哲学理论。但是解决这个问题的办法不是要整个抛弃这一套准则，而是给这一黄金准则添加补充规定——要求人们要乐善好施。

换句话来说，如果你一厢情愿地坚持盖茨应该放弃听他的音乐，那么你应该转变一下自己的关注点，转而要求他去放弃钱。你真正抱怨的不是经济学家的黄金准则，你抱怨的是盖茨太有钱这一事实。

因此，我认为盖茨调大音量这件事情在道德上是可以接受的。但我依然认为法律不应该允许他这么做。这是因为，当盖茨说音乐对他来说值 1 万美元时，这件事只有他单方面的说辞，而他很有可能是在说谎。有关禁止把邻居吵醒的法律可能是不完善的，但它却很有可能是一项利大于弊的法律。

我深信经济学家的黄金准则对于个人道德是一个很好的向导。可能你还想给它添加一个补充规定，即关于慈善方面的。这就会产生一个问题：到底你觉得什么样才算做了慈善活动？对于这个问题，答案因人而异，而我也不知道判定哪一个是对的。因此我将会略过慈善方面的问题，不过并不是因为它不重要，而是因为我不知道要说什么。

经济学家的黄金准则很好地涵盖了多数人所说的社会责任的内涵。如果你要尝试降低自己的碳排放量但还坚持拥有一辆车的话，你就可以本着经济学家黄金准则的精神：当收益较高的时候（比如送孩子去上学）就开车，当收益低的时候就需要克制自己开车的欲望。

下一章将全部用来探讨一系列的道德两难困境，同时还会附上经济学家的黄金准则提供的答案以及这些答案背后的原因。多数情况下，经济学家的黄金准则会告诉你只管继续做你正在做的事情。你不需要它来告诉你不能偷窃。但是，正如你看到的，它偶尔也会让你去做一些令人吃惊的事情。也许这是因为经济学家的黄金准则是一个错误的道德哲学理论，或者也许是因为你有时候在做出道德判断时不够小心。在后一种情况下，你就值得重新思考一下。

十八　如何做一个有社会责任感的人
——经济学家黄金准则的使用指南

哲学必须有一定的用处，而且我们还必须得认真对待它；它必须使我们的思维变得清晰，进而来指导我们的行为。

——弗兰克·拉姆齐（Frank Ramsey）

以下这些问题和答案是为那些愿意按照经济学家的黄金准则来生活的人们准备的。

偷窃是可以接受的吗？当然不可以，而且我已经跟大家讲过原因：你在盗窃行为上花费的时间以及付出的努力反过来本来可以用在生产性行为上。偷窃让世界变得比原来更穷。

制造假钞是可以接受的吗？当然不是，因为造假钞也是一种偷窃。你花时间和精力造的那一元假钞使你可以从女店员那里骗得一块纸杯蛋糕、免费乘坐一次公交车，或者免费下载一部轰动大片视频，而这些行为对世界食物储备或者交通运输以及娱乐行业没有产生任何附加益处。你那块蛋糕消耗掉的面粉和糖本来应该由别人吃掉的。

那么你偷的这些东西到底来自何人，这个问题值得深究。当你印制出那张假钞并把它花掉时，你（非常轻微地）扩大了货币供应量，因此（非常轻微地）抬高了所有物品的价格，小到鸟食，大到火车头都开始涨价，这样就（非常轻微地）降低了同胞口袋里钞票的价值。这种几乎察觉不到的损失分配到了每一个同胞身上，每个人的损失乘以美国 3 亿同胞，最后总的损失必然就是那一美元。

我之所以能知道这一点是因为，当一天结束的时候，你已经在自己的餐盘上额外得到了价值一美元的美食，而这些美食必然来自某个地方。因此你所造成的所有损失加起来应该正好等于那一美元。

如果你把那些时间和精力用来烘烤一块纸杯蛋糕，而不再做（实际上等同于）偷窃了一块蛋糕这样的事情，世界上的食物储备就会增加一块蛋糕。再如果你把同样的时间和精力用来帮别人清理窗户，你就可以赚取一块真的美元去买纸杯蛋糕，而世上又会多出一扇干净的窗户。你制造假币这一行为使世界变得更穷了，这样就和偷盗行为无异。

我应该向慈善事业捐多少钱？这件事情完全取决于你自己。如果你拿了100美元捐给，比如说美国援外汇款合作组织，那么成本（对你）就是100美元，收益（对于接受者来说）也是100美元。在此经济学家的黄金准则只能耸耸肩膀，告诉你“你想给多少就给多少吧”。

如果你想慷慨捐助，再好不过了。但是假如你的邻居捐得比较少，或者铁公鸡一毛不拔，经济学家黄金准则认为这也是可以接受的。

那么在你看来一毛不拔、无心慈善也是可以接受的吗？我本人的观点并不是这样的。经济学家的黄金准则表达的是我们能够高度一致认可的道德原则，而关于捐多少钱合适这个问题，我们并不能达成一致意见。因此，比较妥善的做法是不拿经济学家的黄金准则对此做出评判。

随地乱扔垃圾是可以接受的吗？答案是否定的，除非这一行为给你带来的收益超过了这些垃圾给他人造成的所有成本之和。这些人不得不看到、闻到以及踩到这些垃圾。换句话来说，这一行为很有可能是不被接受的。

燃烧碳基燃料是可以接受的吗？是的，当且仅当燃烧碳基燃料所带来的总收益超过总成本时（对你和你的邻居来说）。在一个理想的世界里，你应该为你排放出去的碳支付一定的费用，就像你买橘子要给一定的钱一样的道理（“一定的”在这意味着“能够反映你强加于他人身上的所有的成本”）。在我们这个不是那么理想化的世界中，经济学家的黄金准则告诫你应该遏制自己不要去制造污染，就好像你需要为此付出一定的费用一样。从理论上估计，每燃烧一加仑汽油你就会对环境造成大约价值 50 美分的破坏。如果这个估计你信得过，而现在你加的油是一加仑 3 美元的话，你就得想象着每加仑得支付 3.5 美元，同时相应地调整自己的驾驶习惯。

我是否应该买一辆更省油的车？或者来一辆混合动力型的汽车？你需要好好考虑一下。混合动力型的汽车有政府补贴，这就意味着这辆车得到了纳税人同胞的补贴。从什么时候开始把别人的钱花在自己身上成了一种有社会责任感的事情了？

经济学家的黄金准则是这样解说的：你感觉愿意为购买担负所有的成本才去买车。换句话来说，假如没有政府补助，你也愿意付全部的钱，只有在这种情况下你就可以去买那辆混合动力的普锐斯了——可能会比你实际支付的总额要多出来 500 美元。

把车开到纽约是可以接受的吗？当你把车开到了纽约，你的碳排放所耗费的社会成本和你对桥梁和隧道交通拥堵所做出的“贡献”相比，那就是小巫见大巫了。如果因为你让排在后面的车都延迟了 15 秒，你就已经轻易地制造了价值上千美元的损失。你到纽约的这段旅途真的值这么多钱吗？

然而，你可能会辩解说，即便没有你，路上照样会堵车，照样会排起长龙。如果正好因为你的出现阻止了另一车加入队伍，那么总的来说你对这个塞车队伍并没有添加什么负担。

又或者你可能认为，已经等了45分钟，就算再加上15秒，也不太可能阻止任何一辆车加入塞车队伍，你这样想可能是对的。你对整个塞车队伍产生影响的概率或许只有千分之一。这就意味着在整个塞车队伍中的上千辆或者更多的汽车当中，你只能挡住一辆车而已。

听起来我好像只是在无端揣测，但事实上稍作下经济学分析（来一块黑板，画一个示意图，再花几分钟认真思考下的那种分析），我们就能揭示出：即使在最一般的情况下，你的存在也确实只能挡住一辆车加入塞车队伍。因此，无论你是否加入，塞车问题都不会有什么改变。

但是，你可不能把这个理由用在环境污染问题上。诚然，你的汽车产生的碳排放对全球的污染问题来说只是冰山一角、微不足道，但是这一事实并不相关。价值一美元的损失始终是一美元的损失，并且你有责任避免这一损失。责任必然和权利相伴。

交通堵塞可就有所不同了，因为每次你在（因为你的加入）使塞车变得更严重时，你也使它变得更好（阻止其他车辆加入塞车队伍）。

我自幼在费城长大，在我生活的地方每到万圣节前都会有不同的节目，10月28号晚上有“肥皂之夜”，29号晚上的是“粉笔之夜”，30号晚上会播“恶作剧之夜”。（当我们举家搬到纽约州北部时，我惊讶地发现原来这些都不是法定假日。）在“肥皂之夜”，你可以用肥皂在物体上留下自己的标记，比如人行道、汽车挡风玻璃和邮筒。而在“粉笔之夜”就可以用粉笔在这些物体上留自己的标记。（在“肥皂之夜”用粉笔画来画去就跟万圣节修剪树木一样不太合时宜）。

每一年的“肥皂之夜”，妈妈都会给我一块肥皂，然后小心叮嘱我只能在人行道上做标记，不可以在别人的私人财产上乱画。每一年我都会向母亲争辩，就算我不在邻居的挡风玻璃上乱画，一定会有小孩来画。每一年，母亲对于我的申辩都不为所动。她的意思是，如果坏的事情注定要发生，你也不应该是做这件事情的人。

如果你也同意我母亲的观点，那么请尽量避免造成收费站前排成长队——当然了，除非你的旅程非常非常的重要。（你讨厌等待，所以你已经选择要避开排长队了。但我想表达的重点是你应该为了避免塞车长队的出现更加用心，不仅为自己的等待负责，也为其他每一个人的等待负责）。如果你认同的是我九岁时的那个观点的话，那就继续开车并且毫无罪恶感地加入塞车大队吧。

我应该从事什么样的职业？当然得是一份有社会生产力的工作。总的来说，检验你做的事情是否对社会有用的最好办法就是你得确定有人愿意为你正在做的事情付钱。假如说你是一名医生、建筑师或者马戏团的小丑，那么你得到的薪水很可能就能很好地衡量你对这个社会做出的贡献。

我能当律师吗？要看你的具体情况。许多律师花费了大量精力，最后只是将财富转来转去，并没有创造任何新的财富；原告得利，被告就会受损。最好去做一些能够创造财富的事情，而不是仅仅在转移财富。从一方面来说，法律诉讼本身会阻止许多具有生产力的行为，这一点不好。而从另一方面来讲，它也会阻止很多没有生产力的行为，这一点确是极好的。所以我认为这要取决于你想成为什么样的律师。

当一个马戏团小丑真的是可以接受的吗？当然了。马戏团小丑能给人带来欢乐，他制造出来的欢乐和食品、衣服一样都是合法商品。

当一个奥运会运动员是可以接受的吗？请严肃认真地考虑下这件事情。你真的认为对于一个雄心勃勃、刻苦努力的23岁小伙子来说，去投身排球运动是一个合适的选择吗？或许你在超市附近转转，把人们推到停车场的购物车给送回去会给社会带来更多的生产力。

稍等一下。难道奥运会不是一种娱乐活动吗？而且你不是刚刚说娱乐活动有社会价值吗？两个问题的答案都是“是的”。奥运会的确有很高的社会价值。

那么为什么我不该去参与奥运会呢？因为现在的问题不是奥运会是否有价值，而是你能否为其增加价值。

如果你造了一张桌子，那么世界上就多了一张桌子。如果你烤了一块蛋糕，世上就多了一块蛋糕。如果你当了一名马戏团小丑，世界上就多了一个朝人们腿上喷矿泉水带来欢乐的人。但是假如说你赢得了一块奥运会金牌，这个世上并不会因此增加一名奥运会金牌得主。你只是取代了另外一个人罢了。

好吧，如果我成了巴纳姆和贝利马戏团的一名小丑，巴纳姆和贝利马戏团不会多出来一名小丑。有了我，别人就没有这个机会了。这样的话，有什么差别吗？那个被你从马戏团替换掉的人会去做别的事情。也许他可以去卡尔森巴恩斯马戏团当小丑，或者他可以到技校学焊接。但是那个在百米蝶泳比赛中被你打败的人仍然会年复一年反复练习百米蝶泳。你不会使他变成一个焊工，你只会使他变成一个失败者。

呃……但是如果只有10个人参加奥运会比赛，这个比赛就会变得很可笑。难道不是参赛的人越多，竞赛质量越高吗？是的。假如说只有10个人选择去参加奥运会比赛，那么你的参加就会产生巨大的社会贡献。但是考虑到已经有成千上万的人在奥运赛场拼搏努力了，你的贡献就会显得微乎其微。

我们无意要淘汰掉90%的参赛者，但是我们或许可以让参赛者减半。如果你让一半的奥运会游泳选手去开出租车，最后的比赛成绩可能会稍微差一点，观众的视觉体验可能（也只是稍微）差一些。与此同时，我们在打出租车时会容易很多。

对职业运动员来说也是如此。如果说职业棒球大联盟中最快的投球手由时速96英里换成了一个时速94英里的选手（与此同时，击球员的水平也有同等程度的下降），那么这个世界真的会遭受很大损失吗？关于这一点，对任何一场比赛都是如此，包括争相要写出畅销书的写作活动也是如此。比如说这本书卖了100万册，说明会有100万个读者阅读这本书，而这些人可以去买另一本书，而且这本书也许会同样精彩。我的书大卖，因此我的经济收益会很好。我的社会贡献却几乎微不足道。

主要的不同点在于，在任何给定的时间内，一个马戏团小丑只能一次性给几千人带来欢乐，一名医生一次只能给一位病人做手术。由此我们总是需要更多的小丑和医生，而且从他们的薪资就能看出来我们的需求度有多高了。但是，运动员和作家就不一样了，一个有名的运动员或一名出色的作家就能给整个世界创造娱乐活动。在此过程中，他们会收到大量报酬，而这些钱要么也是到他们的竞争对手那里。他们的收入代表的只是一种财富的转移，并不会产生社会贡献。

去做一名企业管理人员是可以接受的吗？在大多数情况下，答案是可以的。企业管理层的职责就是让公司利润最大化，而通常最好的办法就是生产或创作出对顾客有价值的产品或服务。不幸的是，有些管理人员依靠一些不正当手段来牟取暴利，比如争取政府补贴、关税保护或进口配额等，这些行为都会对社会产生破坏性。如果你是这样的公司管理人员，那么我希望你为自己感到羞耻。

当然你可能会辩解说这些高管仅仅是在做分内的事情罢了，公司发钱，你做事。照你这样说，这个理由也可以用在职业杀手身上。

好吧，我不应该去争取进口配额。但是假如进口配额业已存在的话，我从中获取利益是可以接受的吗？可以。甚至你还会得到赞许。对中国衬衫设置贸易配额，这种人为造成的衬衫短缺会使美国本土的衬衫价格抬高。你去销售衬衫，一方面可以从配额中获利，另一方面提供了衬衫，缓解了市场短缺的现象。就为了这个，你也该受到奖励，而且我也为你得到奖励感到高兴。

那么我是否能够假设这种情况也适用于关税呢？只要不是我主动去争取，从中获利是不是就是可以接受的呢？并不是的。比如，进口三合板的关税大概在40%，由此美国本土三合板的价格也被抬高。如果你只是因为这个原因要去卖三合板，那么基本上我们就可以说你是个寄生虫。

这中间的逻辑关系可能不那么明显。至少我希望它没那么明显，因为我至少花了足足20分钟的时间（还有两位同事的帮忙）才得出了这一结果。以下就是账单：假设一块进口三合板拿到手需要5美元附加2美元的税。因此，美国国内的供应商就需要花7美元才能得到一块胶合板，而且他们就是这么做的。如果你可以制造出成本为6美元的三合板，每块就能赢利1美元，但是这仅仅是通过让美国财政部（说到底是美国的纳税人）从总收入里拿出了2美元得来的。这是不可以的。

即使不去研究细节，我们也能明显地看到你的三合板事业会对社会产生破坏性。你用价值6美元的资源造出了一块三合板，而在加拿大可能本来只需要5美元就可以了。这并不是一件好事。

就像房屋发生火灾一样，贸易配额和关税都是具有破坏性的事情。如果你是因为配额去从事相关的生意，那么你是在救火；如果你是因为关税才去做这个生意的话，你就是在火上浇油。

如果我在一条废弃的人行道上看到一台IPod，我可以捡起来自己留着吗？当然可以了。

如果我在一条废弃的人行道上看到一张百元大钞，我可以捡

起来据为己有吗？不可以。

哦，这有什么区别吗？在这两个案例中我都假设你不知道怎么去找到失主，并且如果你不将它们拿走，也不会有人来拿。（也许一场暴风雨会将它们冲刷走。）

两种情况的区别如下：如果你捡到的是一台iPod，那么你就得到了一台iPod而没有人会损失什么。很显然，这是一项社会净收益。但是如果你捡到的是100美元的钞票，最后你一定会把它花掉，由此物价会抬高，最终我们其他人则要担负正好100美元的成本，这就好像是你印制了一张假钞一样。最终核算下来的结果是：你得到了99.98美元的收益（100美元减去你弯腰去捡钱所付出的成本，大约是2美分）；我们其他人要付出100美元的成本。那么你那价值2美分的劳动就被浪费掉了。这是一种社会性的破坏。虽然不是什么严重的破坏，但总归是对社会产生了破坏性。

请诚实作答。如果你在街上看到一张百元大钞，你真的会视若无睹而径自走开吗？不，我会把它捡起来。

但是我觉得你刚才说的是……我是对两个不同的问题做了回答。第一次我说的是经济学家的黄金准则要求我们做的。第二次是我告诉你我会怎么做。

因此，说到底你自己也不会遵循经济学家的黄金准则吧？准确来讲，我并没有那样的意思。经济学家的黄金准则准确地描述了我（我怀疑也包括你）所说的社会责任的含义。而且我也总是努力去做一个有社会责任感的人，只是有时候做不到而已。

为什么做不到呢？经济学家的黄金准则是把所有的成本和收益一起计算的，不论成本和收益的感受主体是谁。它告诫我们对待远在非洲的廷巴克图的陌生人要像对待自己、亲人或朋友一样。这一点我做不到。我确实会关注非洲的陌生人，但是我对所爱的人的关注要更多。

如果你觉得完全可以忽略经济学家的黄金准则的话，会有什么好处呢？大多数时候它都是一个很好的行为指南，其余时候它是一个好的近似值。我有时候可以接受自己为了得到99.98美元的收益而让陌生人付出价值100美元的成本，但是坚决不能接受为了我自己得到25美元的收益却让陌生人付出100美元的成本。

你觉得相对于对陌生人的爱，你对自己和所爱着的人的爱的程度要深多少是合适的呢？关于这一个问题，我不确定是否能够给出确切的答案，但是下一章中我会谈到很多与此相关的内容。

关于这个主题，这就是你必须得讲的内容吗？并不完全是。就算没有经济学家的黄金准则，我们也总是觉得道德上有责任公平公正地对待他人，给人以尊严。如果我在路上捡到一部iPod，我愿意花10美元去找到失主，即便经济学家的黄金准则提示我大可不必这么做。[①]这或许是因为说到底我还有点道义论哲学家的潜质。或许是因为我觉得像一个道义论哲学家那样做事情——就比如，从改变自己做起，尊重他人的财产权——从长远来说会有好结果。

或许是因为当你知道自己做了件正确的事情而得到了价值大于 10 美元的愉悦感。这种推理对你来说没有什么用，因为这首先造成的问题就是我们得弄清楚“正确的事情”是什么。公正的确很重要，即使有时候我无法在经济学家的黄金准则和公正之间达成一种和解。事实上，认真思考一下公正所蕴含的真正含义很重要。我会在第二十章中谈到这一点。

---

① 我那价值 10 美元的努力只是把已经存在的 iPod 从我手里转移到了失主手里，并无新的价值产生，因此这一行为对社会来说就是一种浪费。

十九　不要做一个无良的人

布道者的目的就是要让一部分人忘记另一些特定的人群也是人。

——奥尔德斯·赫胥黎（Aldous Huxley）

无良的人指的就是那些开车时在车流中窜来窜去、看电影时大声嚷嚷、在公园乱扔垃圾或者看到有人溺水也不给救生圈的浑蛋。换句话说，如果你为了得到自己那一丁点儿私利而让他人蒙受巨大损失的话，你就是个无良的人。无良者正是那些公然违反了经济学家的黄金准则的家伙。

除此之外，我们还是有很大回旋的余地。比如忽略马来西亚海啸中受难者的困境并不会让你成为一个无良的人。很有可能，你能为海啸受难者所做的最好的事情就是捐钱，如此 1 美元的成本就会换来 1 美元的收益。如果你有意要捐钱，请务必这样做，但是经济学家的黄金准则并不会指定你要捐多少钱。

如果你的父母曾花大心思教导你要注意口腔卫生，估计你会记得那个叫古福斯的家伙，他就是一个典型的无良者，这个人物出自一部漫画小说《古福斯和嘉伦特》（*Goofus and Gallant*），曾在美国《儿童要闻》（*Highlights for Children*）这本杂志上刊载。[①] 每一集漫画故事最后都会用一句字幕总结古福斯的自私和嘉伦特的善良与慷慨。比如，古福斯拿走了最后一个苹果，而嘉伦特和别人分享自己的橙子；古福斯总是让朋友们等他，而嘉伦特总是及时做好准备；古福斯在家门口修了围栏，而嘉伦特则说"让那些无家可归、饱受打击的人都来我家吧"。

作为一个无良的人，古福斯曾把数百万没有什么技能的墨西哥人发配到极端贫困的境地，因为他认为这些人没有太大的价值。

古福斯回应说，作为一个美国人，他自然更关心自己的同胞而不是那群外国人。我们暂且同意他这样的说法，不过我们也有权过问：这里的更关心是什么程度？可以肯定的是这里一定有个限度。即便是古福斯认为美国人应该被赋予"为娱乐可以随意射杀墨西哥人"的权利，这也有个界限。因此，我想问古福斯的是：你为了帮助一个美国人而去伤害一个外国人的意愿到底是到了哪

① 60 多年来，《儿童要闻》一直就是儿科牙医等候室的主要读物。

种程度？是不是一个外国人全部的幸福只相当于美国人的四分之三或者二分之一，或四分之一——还是多少？换句话来说，你的无良到底是一个什么程度？①

我们来做下算术题：当我们接纳了一个身无长技的墨西哥移民，他的工资通常就在一个小时 2 美元和 9 美元之间——我们把它算作一个每小时 7 美元的收益。为了说明驱逐他是合情合理的，我们需要衡量一下这个收益和他对美国人的利益造成的伤害。

很快我们在计算中就会遇到问题，这是因为总的来说移民不会损害美国人的利益；几乎所有的经济学家都一致认为移民会让我们变得更富有，而不是贫穷。每一个移民都是一个潜在的贸易伙伴、雇员或顾客。他的出现使雇员工资水平被压低，但是这件事本身就是一把双刃剑：对工友来说不是好事，而对雇主和消费者来说则是好消息。

在短时期内，大部分的收益都归到了雇主那里，而这些收益中的相当一部分很有可能到归到了一个叫沃尔顿的人手里（沃尔顿是沃尔玛超市的老板）。我们稍微往长远了来看，所有那些额外的收益会因激烈竞争而消失，转而以消费品价格降低的形式出现。到了这个阶段，即便是被压低工资的工人们也能占一定的上风：如果工资下降了 10%，而物价下降了 20%，那么你就胜了。

① 我非常感谢一篇名为YouNotSneaky的匿名博客，这样我才想到以这样的形式发问。

但是让我们忽略掉这些东西吧。为了制造出一种最有利的反对移民的情形，让我们忽略移民带来的一切收益，而主要聚焦于美国工人由此需要付出的成本，例如工资减少。

因为我们之前讨论的都是单个移民的案例，移民带来的工资下降幅度极为微小——但是现在我们需要把这个极小的下降幅度乘以美国数百万的工人数量。有一个比较高的估计是美国一亿个工人每小时每人工资下降 0.00000003 美元。两个数相乘，我们得出全体美国工人每小时的损失是 3 美元。[①]这一估计来自一篇劳动经济学方面的文献，它真的只适合较短的期限，这是因为从长期来看，工人工资下降会吸引到新的业务，而这些新业务的一部分作用便是将下降了的工资再涨回去。但我们把这一点也忽略掉，并假设一种最糟糕的情况，即上述短期产生的影响不会得到改善。

最后得出的结论就是：一个移民入境，一亿美国工人的损失共计是 3 美元（每小时），而这一个移民能得到 7 美元的收益（也是每小时）。要反对这一点，你得这样计算：一个移民不如 3/7 个美国人。

古福斯就远远地偏离了经济学家的黄金准则，它指出无论是谁在收益，谁在遭受损失，7 美元的收益要胜过 3 美元的损失。那么，这样想的可不止古福斯一人，你我也会违背经济学家的黄

① 给经济怪咖人士的注释：我假设的工资率为每小时 10 美元，劳动供给的工资弹性为 0.3。

金准则。相对于陌生人，我们往往更关心自己、朋友和左邻右舍。但跟我不同的是（我希望也跟你不一样），相对于墨西哥华雷斯市的陌生人，古福斯更关心圣安东尼奥市的陌生人。这一点对我没有什么感染力，因为这就好像是他更关心那些恰好和他肤色一样的陌生人。

除此之外，古福斯对圣安东尼奥的陌生人的关心程度似乎超出了对华雷斯陌生人关心程度的两倍多（这是因为 7 是 3 的两倍还多）。这个悬殊的比例令人不安。

事实上，如果你要违背经济学家的黄金准则，我们大多数人会认为你应该向着相反的方向，即更加重视那些极端贫困人士的需要。在这种情况下，我们需要衡量的是一个时薪 2 美元的墨西哥移民获利 7 美元的情况和一群时薪 10 美元的美国人共计损失 3 美元的情况。

当经济学家考虑收入分配方面的问题时，他们有一系列的标准假设来衡量穷人的收入和富人的收入。这些假设中有一个最为保守谨慎——它与我意图得出的结论最为冲突，严重偏离。这个假设认为额外收入的价值和你的收入成反比，因此一美元的额外收入对一个时薪 2 美元的墨西哥人产生的价值是对于一个时薪 10 美元的美国人产生价值的 5 倍。这个移民获得的第二块美元的价值会少一些，第三块会更少。

考虑到所有这些，最后的结论就是7美元的收益对一个移民的价值是美国所有工人损失3美元的5倍。按照这种计算方法，想要证明驱逐移民这一做法合情合理，你就得证明一个移民还不值一个美国人的1/5。换句话来说，你就得当一个相当无良的人。

古福斯指明就算是嘉伦特也没有允许世界上那些极端贫困的人来他起居室里打地铺，所以嘉伦特也是个大浑蛋。之所以如此，是因为古福斯彻底误解了（或者是装作误解）这场争论。让我们来帮他分解下：

首先，经济学家的黄金准则并没有要求嘉伦特打开他家起居室的大门。事实上，准则告诫他不要这样做。如果嘉伦特想要帮助穷人的话，捐给他们钱会更有效。至于捐多少，由他自己来决定。①

其次，虽然捐钱给穷人比开放自己的起居室要有效得多，但是开放边境比给钱还要有效。如果你向一个墨西哥人捐出3美元，他的收益就是3美元。如果你因为边境开放政策牺牲了3美元，这个墨西哥人就可以得到7美元的收益。这就说明即使嘉伦特不

---

① 我来补充说明一下：约瑟，一个穷困潦倒的人，他宁愿得到的是几块钱而不是嘉伦特起居室的一片地盘；而嘉伦特本人非常富有，与几块钱比起来，他更愿意维护自己的私人空间。换句话来讲，私人空间对嘉伦特的价值要高于居住在嘉伦特的起居室对约瑟产生的价值；因此，按照经济学家的黄金准则，嘉伦特应该保留自己的私人空间。再换个说法，经济学家的黄金准则认为嘉伦特捐钱出去比开放自己的起居室更好些。这正是我喜欢经济学家的黄金准则的地方。

愿意捐钱，他的行为也没有古福斯要封锁边境的行为无良。[①]

古福斯宁愿看到一个（比较）富有的美国人得到3美元，也不愿意看到一个非常穷苦的墨西哥人得到7美元，这是一个不争的事实。而这样的行为很缺德。

再次声明，我批评古福斯不是因为他偏离了经济学家的黄金准则；我批判他是因为他偏离得太过分，而且方式也很无趣。我们都会有关心一些人超过其他人的情况。通常来说，我们关心所爱的人要远超对陌生人的关心，并且我们会在某种程度上关心穷人超过关心富人；我会更倾向于帮助自己的女儿而不是你的女儿，而且我更乐意帮助忍饥挨饿的孟加拉贫民而不是衣食不愁的微软副总裁。但是古福斯偏爱的既不是所爱的人也不是穷人，他更关心的是那些相对富有的美国籍陌生人而不是相对贫穷的墨西哥籍陌生人。除此之外，他的偏爱差别至少到了7 ： 3的比率，这个比例相当高了。如果这个比率只是7 ： 6的话，我倒是愿意放他一马。

为此古福斯又拿出了一个论据。他对数学算法提出了挑战：

---

① 可能有的人还能观察到嘉伦特限制他人进入自己的起居室，他是在行使自己的私有财产权，而古福斯呢，他使得美国房东失去了租房给约瑟的机会，这是在侵犯他人的私有财产权（更别提他还侵犯了美国人行使雇用约瑟、卖生活用品给约瑟的权利）。在正文中我略去了这一论证是因为我在试着证明即使你忽略掉所有其他美国人的利益，古福斯的做法也是错误的。相比之下，脚注中的这些观察表明即使忽略掉约瑟本人的所有利益，古福斯的做法也是错误的。

“你们忽略了福利成本！那些非法移民万一不是来工作的，而是来享用我们的福利呢？”

如果说没有那么多像古福斯这样的人专门告发那些雇用了非法移民的雇主，导致他们失业的话，我对这种论点可能还有一点共鸣。如果你抱怨非法移民享用了我们的福利，那么为什么那些人工作干得好好的，你们要去搞砸他们的生活？

今天雇用非法移民是一种犯罪，我怕也许明天和非法移民约会也会构成犯罪。对他们微笑一下会犯罪，或者从他们身边走过去而不朝他们的鼻子打一拳也是犯罪。

之前我们讨论的都是空间上离我们很远的陌生人，接下来让我们来讨论下时间上离我们很遥远的陌生人——换句话来说，让我们讨论下我们该给子孙后代留下些什么。我们消耗的越多，子孙可以继承的就越少。我们的碳排放量越大，他们的世界就可能越热。对于这些问题，我们的关心应该到什么程度呢？

经济学家的黄金准则告诉我们：把子孙后代的利益和你自己的利益同等看待。不幸的是，这是一个根本不可行的办法。花一美元去买一颗好时巧克力可以吗？很抱歉，这一美元存进银行账户就可以毫不费力地为你的子女带来几美分利息，也会给你的孙辈们带来几美分利息，然后再给你的重孙辈们产生几美分利息……如此继续下去，直到太阳不再燃烧。不论你对巧克力的渴求有多么强烈，它都比不过子孙后代们能实实在在得到的无限收益。

如果你要把经济学家的黄金准则用在这个隔代的问题上，你永远不会给自己买糖果吃。你会拼了命地工作，直至把自己累死，就为了能够积攒尽可能多的遗产。除此之外，你永远都不会去做其他多余的事情。无论你多么讨厌自己的工作，比如一个脱衣舞表演场所的看门人——无论你多么想要退休——只要一想到每多出一美元就可以给你的后代们带来无穷的收益，你的愿望就会被迅速淹没。

因此，对于有关隔代的问题，经济学家的黄金准则完全行不通。[①]另一种办法就是使后代所得到的好处“打折”，这样它们就不会无情地凌驾于我们的需求之上。

我们打的折扣越小，为子孙省下的就越多，而且对全球变暖问题也会思虑更多。如果你要打的折扣率很低的话，你就会希望鼓励存钱（最好的办法：取消对资本收入征税，削减社会保障体系开销）和减少碳排放量（最好的办法：当然就是征收碳税）。如

① 你可能会合理地提出以下疑问：如果在代际问题上，我们无法依靠经济学家的黄金准则，那么为什么我们还要相信它？我可能会合理地给出以下答案：你还记得我们当初是如何证明经济学家的黄金准则的合理性的吧（我们用的是盖茨和他的音响的案例）。我们得出：无论何时我们违背了经济学家的黄金准则，我们就会错失使大家都过得更好的机会，而这一点我们只需要将收入在不同人群中转移一下就可以做到。但是这个论点并不适用于代际问题，因为人们的收入不可能从未来转移到现在。

果你要打的折扣率很高的话，你就会希望过得（而且也鼓励别人过得）更放纵一点，花钱更随意一点，燃烧更多的化石燃料。

关于支持高折扣率的一个论点是后代们很有可能会达到一种难以想象的富裕程度。如果按照你的预期，美国的经济增长率保持在每年2.3%，而这一点我们早已习以为常，那么400年之后，每个美国人每天就能有平均超过100万美元的收入——而且这是按照今天的美元价值等比计算的（例如，已经排除了通货膨胀的因素）。于是乎，你和我到底要做出什么样的牺牲来提高这些未来亿万富翁的生活质量呢？

有一件事情还可以让我们加大折扣力度，那就是未来的那些人可能都不会出现。如果你认为地球上的生命在200年后会被一颗小行星撞击毁掉，那么担心300年后的气候变化就毫无意义。如果你认为地球有可能会毁于一颗小行星，那么稍微不那么关注气候变化至少是说得通的。

对于经济学家来讲，标准底线就是这些是唯一支持我们打折扣的好理由。除去这些变化修正之外，每一代人都应该被平等看待；我们对活在今天的陌生人的关注程度应该和对一个一千年以后出生的陌生人的关注程度一样。但是经济学家有时候也会犯错。我们几乎没有人会觉得道义上有责任生尽可能多的孩子，这就意味着对于不把生命这一礼物馈赠于后代这件事情，我们并不关注。

既然不给他们生命都是可以的话，那么不给他们留一个宜人的气候为什么就是不可以的呢？

我想把这一论点讲得更明确一点。

第一步：你的孙子辈们宁愿被生下来的时候什么都没有，也不愿意连生下来的机会都没有。作为一个合格的结果主义哲学家，我推断没有遗产比没有子孙要好一点。

第二步：我非常肯定不生孩子在道德上完全没有问题（因此更别说有孙子辈了！）。

结论：没有遗产的愿望超过了不留子孙的愿望；没有孙辈是可以接受的，因此，不留任何遗产也是可以接受的。

因此，我们可以随意挥霍本来要留给子孙后代的遗产——包括陪伴他们的空气和水的质量。随意，换句话来说，就是我们可以把地球变成大的垃圾场（只是你不要污染我生活的那部分就行）！

但是这并不意味着你会想要把地球变成大的垃圾场。也许你很关心自己的孙辈们，当然我也应该表现得似乎很关心他们——这并不是因为我对你尚未出生的孙辈们亏欠什么，而是因为我应该为现在活生生的你和我做些什么。只有无良的人才觉得不应该这样做。

二十　操场上的经济学家[①]

我需要学到的东西早在幼儿园时就都学到了。

——罗伯特·弗尔杰姆（Robert Fulghum）

如同道德一样，我们会不自觉地去关注公平这个话题。于是我们有必要认真思考一下哪些属于公平的范畴，哪些不属于这个范畴。

每次当孩子哭喊着嚷嚷“这不公平”时，做父母的就得面对一个有关经济公正的问题。比如孩子会走过来问我们下棋的过程中改变游戏规则可不可以，或者有个孩子躺在沙盒里声称1/4的地盘都是他的，这时候该怎么办。作为父母，我们有很大一块内

---

① 这一章的部分内容改编自我之前那本《一个经济学家给女儿的忠告》（*Fair Play*）。

容是教育孩子做事要讲究公平公正。一旦谈到操场上怎么区分好行为和恶劣行为这个问题，每一位父母都成了专家。

虽说这种专长不可能被硬生生套用到市场或投票站，你的孩子指着你给他指导，而国会议员对你的期待则只是选票。因此，在思考对孩子行为的容忍程度时，你自然会想得更多更清楚些，而对于国会议员则不会如此。

我认为想要成为公平领域的专家，通常最好的办法就是密切观察操场上那些你已经知道的有关公平的东西。就此精神，我列了几条每一位父母都应该明了的原则，我还会说下这些原则用在成年人世界中的一些看法。

1. 不要拿不属于你的东西。每当政治家提议改革税法、使其更完善时，我们总能听到有关富人拥有得太多、穷人拥有得太少，让财富平均分配才是唯一公平的做法等此类说辞。在我看来，这套说辞好玩的地方就在于没有人会信这一套。关于这一点我非常确信，因为这么多年来，我带女儿去操场玩耍的时候，我还从来没有听到过有哪个父母会跟孩子说，如果谁的玩具比你的多，你就可以从他那拿走一些。我也从未听说哪个父母跟孩子说，如果你发现有些人比另一些人的玩具多，你们就可以组成一个政府，然后投票决定从多的那个人那儿拿走一些玩具。

父母当然鼓励孩子们相互分享，而且当他们表现得非常自私时，父母会让他们为自己的行为羞愧自责。与此同时，我们也会跟他们讲，如果碰到有的小孩比较自私，处理此类问题时要用某种合理的方式，断不可采用强制的办法获取。小孩子可以用甜言蜜语讨好下对方，或者讨价还价商量下，甚至孤立那个自私的孩子，但是绝不可以简单粗暴地去抢或偷。同样，对于任何一个合法正当的政府来说也是如此，他们并没有帮你从他人那里窃取财富的权力。

对孩子来说这一点很简单，但是成年人的世界就复杂多了。成人要面对的问题并不会出现在操场上。政府提供服务，而我们要为此交税。这样一来，关于"哪些人为哪些事情应该花多少钱合适"这个问题就会有颇多争议，需要商榷的空间不小，而从操场上得来的那些经验都无法来指导我们。是不是富人在国防上就应该比穷人多交点钱呢？或许吧。那么多出多少呢？我不知道。

但是如果征税仅仅是为了重新分配收入的话，这就和我们在操场上一直训导孩子不应该有的那些行为差不多。如果我们不能接受我们的孩子做出那样的行为，我怀疑我们为什么要接受国会议员们这样做。把更重的税收负担转移给富人，或许理由充足，也可能毫无道理可言（在第二十二章中我会提到一些）。但是公平并不能成为这一行为的理由之一。

2. 做出什么选择，就怎样生活。有一次，我带着两个孩子出去吃饭。他们都有一次选择的机会：现在吃一份冰激凌或者饭后拿一份泡泡糖。艾利克斯选择吃冰激凌，凯莱选择了泡泡糖。

艾利克斯吃完冰激凌后，我们离开座位去拿凯莱的泡泡糖。凯莱拿到了自己的泡泡糖，而艾利克斯手里什么都没有。这时候艾利克斯就开始不讲理地哭闹起来。对于任何一个局外的成年人来说，有一点很清楚，那就是艾利克斯没有理由这样；因为当时她和凯莱有同样的选择权，而且她还先拿到了自己选择的东西。

同样的事情在成人的世界里也会发生。早年的时候，彼得和保罗都面临相同的机遇。彼得选择了一份工资有保障、每周40个小时的工作；保罗选择了创业，日夜辛劳，而且回报不确定。30年后，彼得穷困潦倒，而保罗变得富有起来，彼得就谴责是社会体制造成了这种不平等。

我并不想在这里讨论对泡泡糖的喜爱比对冰激凌的喜爱更令人羡慕，同样地，我也不想讨论保罗的选择是否在本质上比彼得的选择更加令人向往。关于彼得抱怨的那个造成最终结果的理由，我确实想要讨论一下。一个好的测验方法就是去找几个大学一年级的学生问问我们是否应该严肃对待这一争论。测试结果是，彼得的理由均被否定。

3. 不要心怀嫉妒。如果你有过同时给几个小孩分蛋糕的经历，你肯定会不断听到有人嚷嚷“这不公平！我这块蛋糕比较小！”

如果你当时足够有耐心的话，你可能会向他们解释说那些心无旁骛、不在乎别人盘里蛋糕大小的孩子，会比那些常常分心、一心要和别人比较的孩子在生活中要过得更幸福。我们想让自己的孩子过得开心，于是我们会告诉他们如果有人给你一块蛋糕，那么这就值得开心。而如果别的孩子分到的蛋糕比你的大，你得记得这个世界上还有很多孩子比你得到的更少。下次如果你觉得某个同事不该提拔却被提拔时，不妨想想这句话。

4. 错错不会得对。如果你居住在美国的普通阶层社区里，那么美国公共广播公司每年要从你的腰包里拿走 5 块钱来资助像美国国家公共电台这样的节目。美国国家公共电台的辩护者们，都是成年人，他们习惯性地为这项收费辩解的理由就是其他项目会索取更多的钱；据他们的某些估计，政府在企业福利上索取的费用几乎是这个数目的两百多倍。也许这些辩护者的诉求目标是那些没有小孩的选民吧，要不然有哪个父母会接受小孩这样的说辞，例如“是的，我偷了曲奇饼，但是我知道别的孩子偷了一辆自行车”？

5. 不要多管闲事。两百多年前，亚当·斯密创立了新的经济学理论，主要研究的是人类在进行交易、易货贸易或兑换物品方面的自然倾向。这种倾向在 8 岁左右的儿童身上就能完全表现出来，其表现形式是在学校的跳蚤市场上交换贴画、卡片和瓶盖。

某个时候，有个孩子——我们叫她露西安——她想和班上的同学利兹进行交易，但是她发现利兹更愿意和三年级的艾米丽进行交易。虽然有些失望，但是我们希望露西安能够认识到她并不能强迫利兹和她进行交易——而且更重要的是，尝试强迫利兹和她交易的做法是不对的。只有那种对他人及其苛求的孩子才会想要老师进行干涉，阻止利兹和“外人”进行交易。

对那些持贸易保护主义观点的政治家来说，他们就是把国会当成一个伟大的国家层面的老师，要其来维持校园秩序，通过使所有的孩子都按照老师的特殊喜好或者某些特别行业的要求来行动——以此确保一个“公平竞争的环境”。如此的话，任何一个八岁的小孩都会告诉你，这个做法糟透了。①

6. 勇敢地对抗那些恃强凌弱的人。普林斯顿大学教授艾伦·布林德（Alan Blinder）近期估计，大约会有3000万—4000万的美国人因为低工资竞争者的出现而失去工作。而换句话来说，这3000万—4000万的外来劳工所带来的低物价确是所有美国人要面临的一个前景。这样的话结果很好，尽管那6000万—8000万人本应该有更好的工资待遇。

包括布林德教授本人在内，所有的经济学家都知道，当美国

① 这个关于公平的论点也是道义论哲学家支持自由贸易的论点，它和第五章中结果主义哲学家提出的那个论点完全不同。有时候道义论哲学和结果主义哲学会相互矛盾；有时候，就像此处的例子一样，它们又会殊途同归。

的工作机会被外包时，美国人整体上是最后的赢家——低物价带来的好处远远可以抵消低工资造成的损失。换句话来说，赢家可以多负担一些来补偿失利的人。但这是否就意味着他们应该这样做呢？比如，为失业人士开一门再培训课程，是否就是一种道德要求，要由纳税人来买单？

我们可以看到，自由贸易几乎不会让任何人变成最终失利的人。这一观察应该要归功于乔治梅森大学的教授唐·布德罗（Don Boudreaux）。如果可以和邻居自由交易，我怀疑世上居然还有人没有从中获益。想象一下，如果没有交易，你还得自己种植食物、自己缝制衣服、靠奶奶的家庭食疗法治病的话，生活会是什么样子？找到一位训练有素的医生，也许你就不用那么依赖奶奶的鸡汤了，但是——尤其是考虑到她的高龄，你还得为此心存感激。

即便你因为自由贸易丢了工作，满心抱怨这种现象实在是有点无理取闹，正是因为有了自由贸易，你才能从出生那天起就过上一种高水准的生活。如果你觉得在自由贸易中遭受了负面影响，世界应该对你有所补偿，那么之前享受贸易带来的好处时，你又为世界做出过什么贡献呢？

不过，让我们暂且把这一观察结果放到一边，现在我们把一次新的贸易机会或自由贸易协定所产生的影响孤立起来看，我们姑且假定这样在某种程度上是有意义的。很显然，我们的某些同胞会因为这些协定而受损，至少从狭义上讲，在贸易更加蓬勃发展的世界，他们原本可以过得更好，不过在这个例子中他们确实遭受了损失。那么我们亏欠这些同胞什么呢？

思考这个问题的方法之一就是扪心自问：如果有类似的情景，你的道德直觉会做出什么判断？假设多年以来你一直在当地的药店买洗发水，而有一天你发现在网上可以用更低的价格买到同样的洗发水。你选择从网上买洗发水是否就意味着你有义务向药店的药剂师做出补偿呢？如果你搬到了租金较低的公寓，你是否应该向原来的房东做出补偿呢？如果你选择了在麦当劳吃饭，你是否应该向隔壁餐馆的老板做出补偿呢？

或许会有些神秘莫测的道德哲学理论认为这些问题的答案是你应该做出补偿，但是我个人认为人们很难接受这个理论。公共政策总不会为了推广那些我们一辈子都不会接受的道德观而制定吧？

那么，从道义上讲，失业的工人和被消费者抛弃的药剂师或者租客放弃的房东相比有什么不同呢？你也许会说药剂师和房东一直就面临着激烈的竞争，他们知道将要面对的状况，然而，举个例子来说，几十年来的关税保护和贸易配额政策使得制造业的工人们看到被保护的希望微乎其微。于是工人们会学习一些别的技能，现在如果抽走政府层面的保护，他们会觉得不公平。

这次还是一样，我们还得问自己，如果碰到类似的情景，他们的这种直觉和我们日常产生的直觉如何关联起来？几十年来，校园欺凌现象成为一种谋利的方式而风靡整个美国，而这些恶霸们积累了一些技能使他们可以利用各种机会从中获得好处。如果我们严加治理，使得校园欺凌不再有利可图，那么我们还必须向恶霸们做出补偿吗？

恃强凌弱和贸易保护主义有很多共同之处。他们都使用了强制的手段（不管是直接使用还是通过法律的手段）让一方做出非自愿的牺牲而另一方得到财富。比如说，你本来可以从一个时薪5美元的墨西哥人那买东西，而贸易保护主义者却强迫你花超过三倍的价钱从一个时薪20美元的美国人那里买，这样你是被敲诈了。如果自由贸易协定可以让你自由地决定去哪里买东西，你应该为这种自由感到庆幸。而补偿之前那些剥削你的人就跟患上了斯德哥尔摩综合征无异。

7. 对不宽容回馈以宽容。我相信每个小孩都经历过被排斥的痛苦，而他们最终会明白这样的痛苦正是获得自由所要付出代价的一部分。不是所有的生日聚会都会对你发出邀请。如果有人完全是出于一种恶意不邀请你，那么你有权利去为此伤心，但是你没有权利擅自闯入会场捣乱。

大人们总是试图牢记这一原则，却又总是忘记。举一个程式化的例子：玛丽有一间空置的公寓，而乔正好在找住的地方。如果乔因为看不惯玛丽的种族、宗教或生活方式——甚至完全是出于恶意——他都可以自由地另寻他处。但是如果玛丽看不惯乔的种族、宗教信仰或是生活方式，法律要求她必须忍下这些疑虑把房子出租给乔。

或者，伯特想要雇一名办公室经理，而厄尼正好想要管理一间办公室。法律赋予了厄尼可以用任何理由拒绝一份工作的权利。如果他不喜欢阿尔巴尼亚人，他就可以选择不给其打工。法律对伯特的要求标准要更高一点：如果他公开表示这个职位不招阿尔巴尼亚人的话，那么他最好请个超厉害的律师。

这些不对等的要求违背了公平的最基本准则——人人都应该被公平地对待，不能因为不相干的外界因素而改变他们的权利和义务。玛丽和乔——或者是伯特和厄尼——都有意成为一段商业关系的其中一方。那么为何在以反对歧视为宗旨的法律下却要承担不对等的责任呢？

有两个很好的理由可以来阐释下这种伪善的情况。一个是原则性的：不对等的责任是不公平的。另一个是经验性的：一个体制今天可以限制你邻居的自由，明天它的权限就有可能扩展到你身上。今天政府要求玛丽去怎样选择租户，明日就可能要求乔去怎样选择出租公寓。今天他们要求伯特怎么去选一个办公室经理，明天就可能会要求厄尼怎样去选一份工作。如果厄尼拒绝了一个阿尔巴尼亚雇主的工作邀请，那么他是不是还得出具证明，说明他拒绝的原因并不是因为地域歧视呢？

然而为什么就此打住了呢？如果反优先雇佣行动的原则一贯执行下去的话，它们最终会把控制的触角伸到房地产市场、就业市场，或者甚至于婚姻市场的方方面面。在那样一种超现实的未来世界里，如果你在选择爱人的时候还考虑种族因素的话就是一种违法行为。司法部的统计人员会详细检查你的约会模式，以确保你正在社会的各阶层进行合理的抽样选择。当你要定下终身大事的时候，你还得要证明你所选择的配偶客观上比其他任何候选项更有资格成为你的另一半。一旦这种系统进入应用，它就会被扩展（就如同反优先雇佣行动那样）到性别和种族方面。那么就会出现这样的情况：玛丽可能会被传唤到法庭受审，原因只是因为她嫁给了一个男人，而此时有一个经验更为丰富的女性更适合做配偶。

如果说这个设想听起来有点难以置信的话，你别忘了今日的反优先雇佣行动在几年前也是同样令人难以置信。如果这听起来就像一场噩梦，那么请记住玛丽和伯特的噩梦已经成了现实。

对白人男性求职者来说，反优先雇佣行动已经被认为不公平，对那些无辜的被认定为犯了种族歧视罪的企业老板们不公平，甚至对他的目标收益人群来说也不公平。这一行动的部分或全部可能正确也可能不正确，但是这些内容都和我正讨论的议题不相干。我认为反优先雇佣行动对偏执的人不公平，就算是偏执狂也有权受到公平对待。就算一个孩子纯粹是出于恶意排斥你，他也有权拒绝你参加他的生日聚会。

你我都不赞成偏执的行为。但是主张宽容的个人美德和多元化的公众美德要求我们支持那些我们并不赞成的东西。让人们对不宽容的行为报以宽容的想法有点自相矛盾，但其他有些不错的想法也都是这样，比如那些支持政府审查制度的人享有言论自由。事实上，言论自由和宽容有很多相似之处：如果对于我们拍手称快的事情和那些打心底里冒犯我们的事情不能一视同仁的话，那么它们就毫无意义。

8. 不要惩罚无辜的人。种族性的规定和反优先雇佣行动自有人为其辩护，部分原因是：这是对奴隶制遗留问题的一种公平的补偿。不幸的是，这些项目的成本费用大部分是由白人子孙来承担，而他们的祖先是在奴隶制被废除很久之后才来到了美国。种族优先权并不是消除奴隶制残余影响的办法，它只是简单地把影响从一群无辜者身上转移到了另一群无辜者的身上。

当我在杜克大学那间挤满了本科生的屋子里发表这样的论点时，一个学生经过沉思，提出美国黑人所受的压迫并没有因为奴隶制的废除而结束。他认为即使是一个二十世纪才来美国的移民家庭也有可能受益（以牺牲黑人为代价），因为后来有长达数十年的种族隔离和种族歧视法规《吉姆克劳法》。

但是话说回来，《吉姆克劳法》（和其他种隔离措施一样）是种族间进行贸易的障碍，而经济学家都知道贸易障碍从总体上来说对双方都不利。白人被劝阻不要去服务黑人顾客、光顾黑人商店、雇用黑人员工或者为黑人老板打工，这些白人也都是《吉姆克劳法》的受害者，就和黑人是一样的。

换一种方式来讨论可能是一种糟糕的经济学理论，也可能被认为是种族歧视。《吉姆克劳法》阻止黑人去和白人做生意，同样也阻止白人去和黑人做生意。剥夺和白人做生意的权利就是一种压迫，而剥夺和黑人做生意的权利就不是什么大事了吗，有谁会这样想？

诚然，《吉姆克劳法》是白人选民制定的，因此人们会倾向于得出结论认为该法律总体上是对白人有利。但是这种逻辑需要建立在这样一种民主理论上，它与所有的经验都不一致。白糖补贴、烟草补贴和石油补贴是由所有的美国选民制定的，而且理智的人们没有一个会认为这些法案对所有的美国人有利。相反，这些法案只对一小部分有特殊利益的集团有利，他们利用一定的政治影响力去利用大众来获利。

《吉姆克劳法》造成了贸易壁垒，的确如此。不过这一法规造成的影响远不止如此；它还有各种大大小小的侮辱性的规定，从种族隔离制度下的饮用水隔离到不平等的公立学校的隔离等。因此，这套法规给黑人造成的伤害要远远大于给白人造成的伤害，这一点毫无疑问。但是事实远不至于说白人就是这一法规的受益人，享有特权，因此他们就该承担起赔偿黑人因《吉姆克劳法》而过上悲惨生活的责任。

这里似乎要引发一场政治争议，但是如果我们把操场上的那一套标准用到这里的话，争议点会迎刃而解。在那里，如果约翰尼偷走了玛丽的沙桶，没有人会想到强制无辜的博比向玛丽做出赔偿。

9. 对自愿者不要得寸进尺。当食品杂货店里的莴苣价格卖得高时，顾客就会咒骂杂货店老板，但是这些人并不会咒骂自己的朋友和邻居，因为朋友和邻居根本不会卖莴苣给他们。我们也不会看到这些满腹牢骚的顾客去自己开个杂货店，然后出售低价食品。那些一步路都不愿意多走的家伙却要求杂货店老板再多走一英里去给他们采购更便宜的食品。

同样地，工人们对于付给他们低工资的老板总是怨声载道，却不会去诅咒其他那些根本就不会给他们工资的老板（或者不是老板的人）。这一点不仅在道义上毫无意义，在经济学上也不划算。一个老板要雇用工人——而且是低薪雇用——从市场上带走了几个工人，这就会迫使其他雇主之间相互竞争去抢夺剩下的那些工人——由此工资就会涨上去，而不是下降。如果你要找一份高薪的工作，那么开出低工资的老板是提供了解决办法，而不是制造了麻烦。

我们再来考虑下房东玛丽，她不愿意把房子租给那些她不喜欢的人。也许你就是这些人中的一员。然而，当玛丽修建了一栋公寓楼而不愿意出租给你时，她仍给你带来了一点点好处：通过招揽租客，从而别的公寓楼会产生闲置的房间，这样住房市场的压力会减少那么一点点。拿这点和我可能给你带来的好处进行对比。我并没有计划要进入房地产市场。就像玛丽不会把房子出租给你一样，我也不会把房间出租给你；我甚至都没有可供出租给你的房产。但是从法律的角度来讲，玛丽拒绝租房给你，这已经给你造成了一定的伤害，但我却是完全无辜的。这样听起来实在令人抓狂。

一方面怨恨杂货店老板、雇主老板或是房东，然而另一方面却无视世界上其他那些不能给你提供更便宜的莴苣、一份高薪工作的人，这其实至少可以说是一种相对没什么害处但却有多重道德标准的做法。但是，人们道德矛盾的倾向在别处也有体现，而且有时候还会很激烈。每6个月左右，在自然灾害导致受灾区常用资源匮乏时，你就会看到很多新闻报道，抨击那些把一加仑水卖到7美元或者肆意哄抬某些重要生活必需品价格的无良商家。

通常，对于此类事件，新闻主播和政治家们总是义正言辞，非常愤慨，但是我从来没见他们去运水到灾区来，以每加仑 7 美元或者其他任何价格提供给灾民。如果那些不道德的奸商有责任把水价降到每加仑 7 美元以下，那么新闻主播为什么不来承担这个责任呢？

同样地，小企业的老板被要求必须给残障人士工作机会。如果这是基于一种道德上的责任的话——换句话来说，如果存在一种必须聘请残障人士的道义责任——那么其他人也应该被要求去开办小企业来招聘残障人士。毕竟，当道德责任存在时，它一定是具有普遍意义的：要么它对所有人都有要求，要么不对任何人有要求。

有时候——也不会过于频繁，只是偶尔——-操场上会有孩子自愿去清扫垃圾。我们通常的回应是不会要求这个孩子去清理整个操场。杂货店老板卖给你莴苣，只是价格略高；房东把房子租给了别人，只是租客不是你；一个公司的老板没有直接聘用你而是雇了你的邻居，但是却改善了你的就业前景——所有这些人都给你带来了一点小小的益处，就像那个在操场上捡起几张糖果包装纸的小孩。你可以希望他们为你做得更多，但是要求他们这样去做却是极其无礼取闹。

二十一　让犹太拉比来切分这块大饼

这是犹太人的一种做法。如果你还有时间，我会向你解释下。

——南希·勒波维茨（Nancy Lebovitz）

关于公平这个问题，父母也许是这个世界上最伟大的专家了，但是他们并不是唯一的专家。有这样一类经济学家，他们认为公平可以通过这种方式实现：写下几个简单的公理（就类似“每个人都应该被平等相待”这样的话），然后再证明下什么时候哪些公理在其他公理存在的情况下也成立或者不成立，我们称这些经济学家为“公理化议价专家”。当你写下这些无可争议的公理，同时又发现它们互相矛盾时，你就得好好想想哪些是必需的，哪些是你愿意舍弃的。

《巴比伦塔木德》（*Babylonian Talmud*）大约共 90 卷，编纂于约公元前 5 世纪，是一本解读犹太法律的书。这本书也讲到了公平问题，而且通常是从一个很奇特的角度来展开的。因此至少在这一点上显得很怪异，那就是《塔木德》经的作者们似乎已经预见到了1500年后经济学家会遇到这个问题。

不管是现在的经济学家还是这本法典的作者们都钟爱一些程式化的道德难题，类似于这种：一个人去世了，但是他留下的债务比遗产还要多。那么他的财产要如何在债主们之间切分呢？写下《巴比伦塔木德》的先贤们用一种很神秘的方式回答了这个问题——他们给出了一系列的计算实例，但只字未提一些普遍的基本原则。

举个具体的例子，假如那三个债主的应收债权金额分别为100美元、200美元和300美元——债权总额为600美元——但是死者可供分配的遗产却不足600美元。那么每个债主应该分到多少呢？《塔木德》经中给出了如下解决方法：

1.如果可分配的遗产为100美元，那么每个债主都分到相同的份额；也就是说，每个人分到33.33美元。

2.如果可分配的遗产为200美元，那么第一个债权人，也就是债权金额为100美元的债主可以分到50美元，剩下两个债主每人分到75美元。

3.如果可分配的遗产为300美元，那么债权金额为100美元的债主分到50美元，债权金额为200美元的债主分到100美元，债权金额为300美元的债主则分到150美元——三个金额正好和原始债务成正比。

他们提供的方案中的这些数字怎么得来的呢？如果可供分配的遗产为400美元或者500美元，我们又该怎么办呢？《塔木德》并没有告诉我们答案，但是从这几个例子中可以看出，计算模式还是很明显的。

很显然，犹太拉比推理出没有人能够合法地索要比可分配的遗产总额还多的金额。因此，当遗产总额只有100美元时，对债权金额为100美元、200美元和300美元的债主提出的分割要求将被平等对待。而当可分割的遗产金额为200美元时，债权金额为200美元和300美元的债主提出的分割请求将被平等对待（但是比对债权为100美元的债主提出的分割要求要优先对待）。

我们在《塔木德》中找到了另一条线索：“两个人同时拿着一件衣服；其中一个要求拥有整件衣服，另一个要求一半。最后第一个人分到了3/4，而第二个人分到了1/4。”那么古时犹太拉比的推理似乎就是这样：“有两个人都要求其中的一半，而只有一个人要求另一半。因此我们把存在争议的一半平均分给两个人，再把无可争议的那一半分给另一个人。”在《塔木德》一书中的其他地方，拉比们就依照相似的推理解决了一个案例，事件中一个人要求拥有全部，而另一个人要求拥有1/3。

现在我们有两条可供选择的原则：第一，分割要求不能超过可供分配数额的全部。第二，我们应该遵循那条有关处理有争议的衣服的原则。当债主只有两家时，这些原则足以解决破产后资产分割的任何问题。下面是几个例子。

例一：现在可供分割的遗产数额是125美元。莫和拉里分别要求得到100美元和200美元。依照第一条原则，拉里要求的200美元要缩减到125美元。现在这两个人之间，有100美元处于有争议状态，而那25美元没有争议。依照那条有关处理有争议的衣服的原则，存在争议的这100美元要平均分配。因此，莫分到50美元，拉里得到剩余的75美元。

例二：现在可供分割的遗产数额为125美元。莫和克里分别要求得到100美元和300美元。依照第一条原则，克里要求的那300美元要减少为125美元，而这之后的情形就和例一中的一样。于是，莫得到50美元，克里得到75美元。

例三：现在可供分割的遗产数额为150美元。拉里和克里分别要求得到200美元和300美元。两个人要求的数额都要减为150美元，现在处于有争议状态的是150美元。因此，拉里和克里每人得到75美元。

现在如果债主有三个——换句话来说，如果现在可供分割的遗产数额为200美元，而莫、拉里和克里分别提出了100美元、200美元和300美元的分割要求，这又该如何处理呢？我们已经从《塔木德》中看到分割的结果为 50 美元、75 美元和 75 美元。这些数字说明了什么呢?

耶路撒冷希伯来大学的罗伯特·奥曼（Robert Aumann）教授和迈克尔·马希勒（Michael Maschler）教授第一个发现了这些数字有特殊意义：任何两个人分到的数额都符合我们前面已经讲到的原则，从这个意义上来说，它们是前后一致的。

例如，莫和拉里总共分到的数额是 50 美元+75 美元=125 美元，然后就和例一规定的那样，他们分到的数额为 50 美元和 75 美元。莫和克里分到的总数额为 125 美元，按照例二中规定的那样进行分割。拉里和克里分到的总数额为 150 美元，按照例三中的规定分割。

在所有可能达成与前面已知原则相一致的分配方法中，他们为什么要用这种方式来解决呢？最后证明这是个错误的问题，因为其他能和已知原则相一致的分割方法不存在。（换句话说，除了按照 50/75/75 的比例来切分以外，其中两个债主分到的遗产总额不可能再正确地进行分割。）事实上，奥曼和马希勒教授证明了一条更普遍的定理：每一个破产问题只有一个和上述已知原则相一致的解决方案。

现在我要来说下比较引人注目的部分：在《塔木德》经中所有出现的例子，其给出的解决方案和前面的两条原则都是一致的。（如果愿意的话，你可以去检验下前面提到的例子。）不知为何，犹太拉比在解决每一个问题时总是能找到这个唯一的、和已知原则相一致的解决方案。

他们是如何做到这一点呢？也许他们采用了试错法，不断猜测各种分割方案，直到找到和已知原则相一致的解决方案。或者说他们有一种更系统化的程序。但是这一点似乎不太可能，因为每一个我们知道的系统化的程序都非常复杂。我将会挑其中一个程序来讲一下，你自己就会明白。请耐心等待一下（要么就放弃这一部分）；要阐明这一点，我相信没有更简单的方法了。

第一步：设计（或至少画出）一个《塔木德》式的水壶示意图来代表每个人的分割要求：

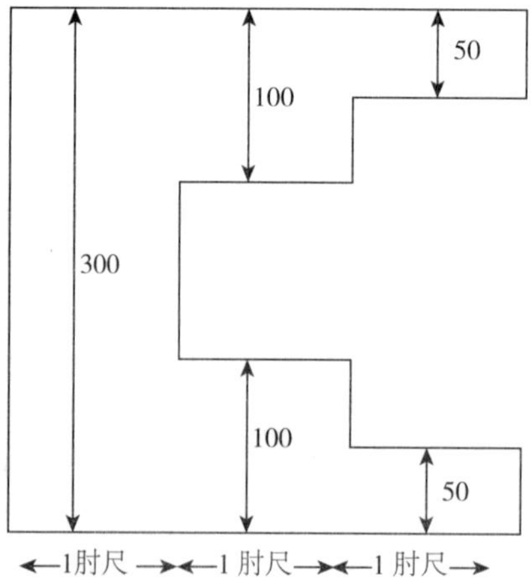

从右往左看（按照典型的《塔木德》方式），这个特别的水壶状的示意图代表了莫、拉里和克里那 100 美元、200 美元和 300

美元的要求。每个分割区间都是一肘尺宽。最右边分割区两段的高度和是 100 肘尺，中间分割区两段的高度和为 200 肘尺，而最左边分割区的高度为 300 肘尺。如果你的尺子刻度不是以肘尺为单位，你可以随意用英寸或毫米代替。最重要的一点是，除了最大的分割要求，其他所有的分割要求被分成相同的两份，附加到示意图的顶部和底部。

下面是另一幅示意图，代表了数额为 100 美元、300 美元、400 美元和 600 美元的分割要求：

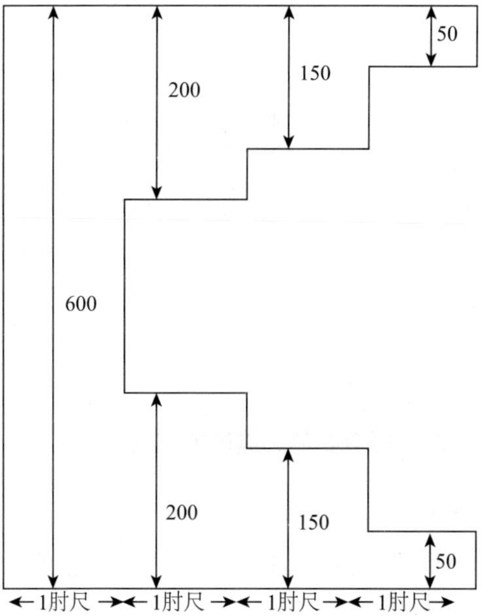

第二步：往里面倒足够多的水，以此来代表可供分割的遗产。

下面是第一幅示意图装进了价值200美元的水（也就是说，可以装满一个一肘尺宽、200肘尺高的容器）的样子：

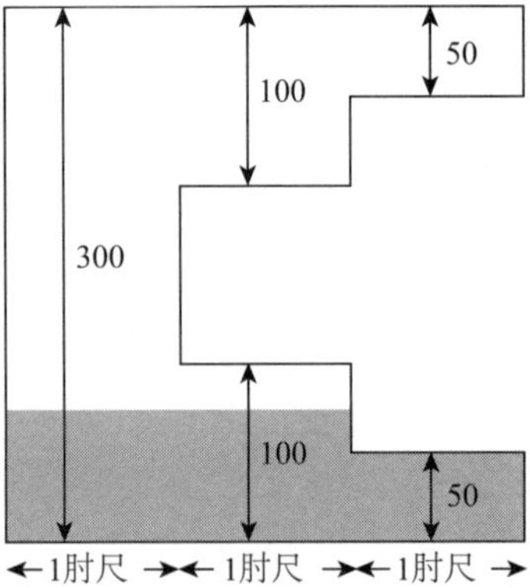

第三步：根据水的高度读取分配结果（还是从右往左）。在这个例子中，莫得到50美元，因为水壶最右边部分水的高度是50肘尺。拉里分到75美元，因为水壶中间部分水的高度是75肘尺。克里也分到75美元，因为最左边分割区的水位达到了75肘尺。

因此，根据这个《塔木德》式水壶状示意图，对于这个独特的破产问题（也就是，按照三个债权人100美元、200美元和300美元的分割要求来分配200美元遗产的问题），唯一一个与已知原则相一致的分割方案比例就是50/75/75。

如果莫、拉里和克里对分配总额为400美元的遗产提出100美元、200美元和300美元的分割要求会怎么样？通过向《塔木德》式的水壶里倒入价值 400 美元的水就能找到和已知原则相一致的解决方案：

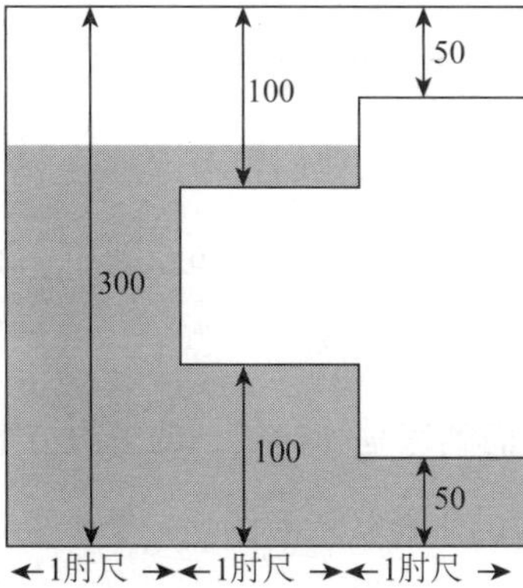

从右往左依次读取分配结果，莫分得 50 美元，因为水壶最右边部分水的高度是 50 肘尺。拉里分得 125 美元，因为水壶中间部分的水位是 125 肘尺（底部 100 肘尺和顶部 25 肘尺）。克里分到 225 美元，因为水壶最左边的分区水位达到了 225 肘尺。

如果你是个偏执的人，你可能想要验证下这个解决方案是否真的和已知原则相一致。例如，莫和拉里总共分到了 175 美元，而他们的分割要求分别是 100 美元和 200 美元。现在这 200 美元的要求要减少为 175 美元。那么莫和拉里需要分割处于争议状态的 100 美元，同时拉里拿走剩下的 75 美元。这样一来，莫得到了 50 美元，拉里总共得到了 125 美元，和《塔木德》式的水壶状示意图显示的一样。你可以随意去验证莫和克里或者拉里和克里之间的分割方案是否和已知原则一致。

虽然古老的犹太拉比没有考虑到这一特殊例子（把400美元的遗产按照100美元、200美元和300美元的分割要求进行分割），奥曼和马希勒教授相信如果他们曾考虑过这个问题，他们就会通过某种方式发现这个唯一一个与已知原则相一致的解决方案，而且一定会予以支持。

至于犹太拉比们到底是如何找到的解决方案至今仍是个不解之谜。《塔木德》式的水壶状示意图是一个十分现代的发明（事实上，这个示意图是美国《石板》杂志一名叫作贾亚拉曼·拉马钱德兰（Jayaraman Ramachandran）的读者为了替换掉我在专栏里提供的那个不太好懂的描述而设计出来的。似乎犹太拉比不太可能已经知道了这个图。

但是，不管犹太拉比用的是哪种方法，他们似乎已经前后一致地使用了它。要检验《塔木德》书中的每一个例子是否符合相一致原则并不是什么难事，这就意味着对于每一个古代的犹太拉比曾经考虑过的案例，他们都得到了和用《塔木德》水壶状示意图的现代人一样的答案。这个相一致原则可以给每一个例子提供一个完整的解释。就此而言，在每个例子中，只可能存在唯一一个与已知原则相一致的解决方案。我们可以想象，古老的犹太拉比们通过不断地尝试各种方案，最终被他们找到了。

这个相一致原则不仅普遍适用（因为总是可以找到一个与已知原则相一致的解决方案），而且非常明确（因为除此之外，绝不存在其他和已知原则相一致的解决方案）。

为什么和已知原则相一致的解决方案就是正确的解决方案呢？奥曼和马希勒教授认为这种一致原则正好契合了我们追平公平的固有意识。但是，按照《塔木德》惯例，如果你不赞成这个论点，奥曼和马希勒教授还有另外一种说法。

想象一下，所有的债主都被关在一个房间里，并且被告知在遗产分割上他们要达成一致；如果不能达成一致，谁也分不到遗产。我们同样假设任何一个债权人的要求得到百分之百的满足（得到他人一致同意），且必须接受达成的共识才能离开房间，那么整个讨价还价的过程会是什么样子？最终会有什么样的结果？

现代的公理化议价专家试图来回答这些问题；不幸的是，他们的答案最后还得主要依靠辅助的假设条件才行。但是奥曼和马希勒教授已经得出证明，在破产后进行的谈判中，按照合理的假设一步步推理，债权人最后会同意按照一致原则来分割遗产。因此，按照奥曼和马希勒教授的观点，如果给予适当的谈判规则和足够的时间，债权人最后达成一致的解决方法就会和《塔木德》书中描述的解决方案相吻合。

The Big Questions

第五部分

理性地生活

最后，我要简短地讲一下如何思考和学什么这两个问题。第二十二章的主要内容是作者就如何清晰思考以避免谬误这一主题进行的一系列观察，第二十三章专为大学生而写，讲应该学些什么。我们也会谈到弗兰克·拉姆齐（Frank Ramsey），他是一位剑桥大学的学者，他的著作里有相当一部分内容都和这本书的主题相通。

其间，我们将重温一些话题，例如心理的生物学基础、贸易保护主义、收入再分配、环境保护主义、信念的脆弱性、知识的基础、真理和可验证性的理论的差别，以及我们对子孙后代所担负责任的实质等。

二十二　如何思考

他们只看到大海就断定那里没有陆地，他们并不是优秀的探险家。

——弗朗西斯·培根（Francis Bacon）

有时候我会一个人偷偷玩蜘蛛纸牌。虽说这事已经够糟糕了，但是我还得做一个更大的忏悔呢。当我面临在两个黑八中挑一个移到红九上面时，我就会按照六岁时妈妈教给我的那个经验法则来做：当正面朝上的纸牌下面还有更大数字的牌没翻过来时，优先移动这个正面朝上的牌，除非你要给K预留位置，如果是这种情况的话，就把刚才的做法反过来。

除了纸牌本身透露给我的直观吸引力，我并不知道这个规则是不是最优方案。尽管我这辈子一直在用它，我却从来没有一丝愧疚之情要停下来去搞搞清楚。我不知道自己能不能弄明白，可悲的是，我从来没有去尝试过这样做。

你可能会说这种行为完全说得过去，毕竟就是个纸牌游戏而已。当然了，如果这个纸牌游戏如此无关紧要的话，你可以质问我一开始为什么要玩它。无论如何，这种内心的不安从来都不足以刺激我去行动起来探究一下。

就像我在书中多次提到的那样，有些东西我们从不会停下脚步去思考，而且我们常常有充分的理由这样做。但是，一旦我们养成了一种良性的思考习惯，我们就能降低思考成本并选择思考更多的内容。这通常是一件受益匪浅的事情。

本章中，我将会罗列（按照随机顺序）一些对我来说非常有用，尤其是思考一些经济问题时很有用的思考习惯。这些并不会帮你提高玩牌技巧，但是有一些却能改善你看世界的方式。

整体看事情

有时候，当你以一个经济学家的眼光看世界的时候，你就会完全不知道普通人眼中的世界是什么样的。

有一次，我在一家顾客爆满的熟食店排队——需要取号来等——当手持37号的女士决定放弃并走出队伍时，她随手把票给了 45 号。我听到前面有个人说“她没有把票扔了，而是转给他人，她人真好！”然后有几个人附和着点头表示认同，让他们高兴的是宝贵的资源没有被随意丢弃，而是被保留了下来。

就在那一刻，我完全不确定是不是非得有个经济学博士的文凭才能明白：让其中一个人向前挪八个位，就意味着有八个人得向后移一位——这并不会改变唯一起作用的事情，那就是每分钟接受服务的顾客人数不变。我急匆匆赶回家，找那些非经济学专业的朋友探讨，令我欣慰的是，我发现除了那个熟食店的顾客外，其他所有人都意识到了这个事实。

但是这其中潜在的错误——人们没有意识到我们得整体看事情——以我个人经验来看，便是造成经济错误的唯一最大的根源。政治家们总是向人民承诺要通过控制医疗、住宅和高等教育的价格来使其更广泛地惠及更多的人；经济学家们就头疼了，这多出来的医生、房子和教室要从何而来。通过降低价格并不能加快医疗保健的队伍，就像交出手里的票也不会让排队的速度加快一样。

这个错误的想法会延伸至一种偏见，即某些人大量财富的积累会导致其他人变穷。事实上，正好相反。那些企业大亨通过股票、债券和外汇积累了大量财富，而不是整日挥霍无度，这样一来他们就把更多的商品和服务留给了你我。如果有更多的人能明白这一点的话，人们对披着“经济刺激”外衣的承诺，实际却鼓励他人谋取公共大饼中更多的份额来填饱私人胃口的热情就会大大减弱。

据我看来，2002 年诺贝尔经济学奖得主弗农·史密斯（Vernon Smith）和他的同事詹姆斯·考克斯（James Cox）所做的一系列实验不过是在强调人们不能整体看事情这一基本谬误。一开始，他们把实验对象安置在一个单独的小屋，交给他十张一美元的钞票，然后请他把部分钱转交给隔壁小屋的陌生人。

结果如下：大约有三分之二的受试者把全部的钱都留下了。也就是说，人们不喜欢把钱交给完全陌生的人。到目前为止，都是这样的。施舍钱财似乎是一件很美好的事情，但是为什么要把钱给一个可能本来就很富有或者很幸运，或者说很讨厌的陌生人，而你本来可以，比如说把钱捐给拯救饥饿儿童的基金组织？

在下一轮实验中，受试者被告知转交到陌生人手中的钱会翻 3 倍。你拿出 1 美元，那个陌生人就会得到 3 美元；你交出 2 美元，他就会得到 6 美元。

现在突然一下子大量的钞票被转交出去。每个受试者平均交出 3.63 美元以上（这钱来自最初手里的 10 美元），因此每个陌生人得到了 10.89 美元。

乍一看，这样做很有道理。人们喜欢做好事。他们不愿意拿出 1 美元来给别人，但是他们愿意付出 1 美元，而使别人得到 3 美元。这是经济学家的黄金法则！

而它偏偏不是。[①]把钱从一个房间移交到另一个房间并不是一种生产性的行为。在这一过程中并没有产生新的财富。陌生人手里拿到的每一分钱都来自某一个别的人——在这个例子中，这个钱很有可能就来自支持这一实验的纳税人。

幼稚的理解就是受试者拿出的 1 美元将创造出额外 2 美元的财富。正确的理解是受试者拿出的这 1 美元得到了一种特权，迫使一个完全陌生的人（纳税人）把 2 美元交给另一个完全陌生的人。

但是在没有任何关于这些陌生人信息的情况下，你为什么要关心钱去了哪里呢？也许就是有人喜欢把别人的钱四处周转呢。

更有可能的是，受试者产生了一种幻觉，认为即便没有任何生产性的活动，财富也能凭空产生。换句话来说就是，他们已然忘记了我们应该用整体观点看事情。想到这些人也有投票权，这就有点发人深省。

认真运用比喻

我喜欢隐喻。我认为用隐喻可以说清楚很多事情。但是，一旦你相信某一个隐喻，你就得愿意走向它引导的任何方向。

① 我个人很喜欢史密斯教授，他对我后面的分析提出了极大异议。我曾努力试着去理解他的观点，但是我没能成功。

政治哲学家们经常使用隐喻来为收入再分配政策辩护。用他们的话来说，我们的福利体系就像“一份保险合同”，我们都得缴纳保险金（也就是税收）来确保厄运来临时，能够平安度过。这是一个强有力的隐喻，很有可能还是一个良好的论据。不过因为我是一个经济学家而不是哲学家，我更愿意从更深层次来思考这一论证。

社会福利在很大程度上可以在你遭遇厄运时提供保障，甚至在你出生之前就开始起作用了。比如你遗传了不好的基因、生错了家庭，或者生在了一个条件不好的学区，致使你最终缺乏适合市场需求的技能。如果说社会福利就像是一个保险计划的话，你在出生之前就该买一份。更确切地来说，如果保险推销员已经研究出来如何使你在出生前就加入这项保障计划的话，你一定愿意买这份保险。

如果我们签订了这份保险合同，就得有合理的条件来执行。法院经常强制执行的是当事人确实想要这么做而签订的合同，总体而言，经济学家们非常赞同这些裁决。如果我们可以执行人们忘了签字的合同，那么为什么不可以执行无法签字的合同，难道仅仅是因为他们还没有出生这一不便的事实吗？

到目前为止，一切还好。不过除非你了解其中的条款，否则你不会去执行这个合约。因此我们不得不产生疑问：未出生的人到底愿意买多大的保险？在这一点上，政治哲学家们只能靠猜测了，不过他们完全没有必要去猜测。我们掌握有基因和环境两大因素的方差，这两大因素决定了人们赚钱的能力。因此，关于你在未出生时和运气较好时会面临多大的风险，我们都心中有数。对于人们面临各种级别的风险会选择何种金额的保险，我们也有相关的数据。把所有这些综合起来，我们就可以计算有多少未出生的人会选择保险，于是我们也能够计算出多大的福利体系可以应对。

要完成这一推算过程，我们还需要一条信息，即保险的价格。保险价格偏高，买保险的人就会变少。拥有福利体系的代价就是它会产生一些负面影响，使得国内生产力低下，低收入人群增多。因此，我们的答案要取决于这些负面影响有多大。

这反过来要取决于福利体系的具体结构；它和税收减免政策的运作方式大有不同，我们就拿食物券救济计划来说。但是就凭着就餐期间在餐巾纸背面快速算出的结果为基础，我可以提出来一些限制：如果你能设计出一个福利体系，不会产生任何负面影响，那么你需要假设的一个前提就是全国有 23% 的人口处于永久性失业、靠社会福利过活的状态——这将是一个极其庞大的社会保障体系，任何一个西方国家都不曾这样构想过。如果对福利体系造成的负面影响一点也不加以控制的话，那么这个社会福利体系就只有 0.6% 的人能够享受到——大概任何一个被认真考虑过的社会保障体系都要比它大。

一端是0.6%，另一端是23%；这中间实在跨度不小。但是，对于餐巾纸背面的演算你还能指望什么呢？通过多年努力研究，你可能会得到一个更严格的估算。如果我们真的打算用保险这个比喻来证明社会福利体系可行的话，那么就得有人来做这个事情。

顺嘴一说，使社会福利产生的负面影响最小化的最好办法就是进行收入转让，不是给穷人，而是给黑人、妇女和侏儒这些平均起来还挣扎在贫困线上的人群。给穷人补贴会造就这些人游手好闲，无所事事。但是给侏儒补贴并不会产生鼓励人们想让身高缩小的作用（虽然我想这样会给小孩们一个不吃菠菜的借口）。患有侏儒病的人平均收入要远远低于其他人（通常，身高多出来一英寸，一年的工资就会增加一千美元），所以，你仍然会坚持向正确的方向转移收入来实现平均化。当然了，你也可以对黑人、妇女以及长相不好的人做同样的事情，这些人在就业市场上也受到了影响。（当然，这一论据会产生积极的行为，不过它更倾向于将财富直接转移给这些人。）

在讨论收入再分配时出现的另一个比喻就是比作家庭：社会“就像是一个大家庭，”在一个家庭里面绝不允许出现一个大富大贵，而另一个要为生活苦苦挣扎。这个比喻很难站得住脚，因为实际上在一个家庭里面确实允许出现有人已经腾达而有人还在挣扎。关于这一点我们有数据为证！在绝大多数情况下，父母会向子女们平均分配遗产——即便当时有一个孩子已经很富有，而另一个仍穷困潦倒。遗产是向最爱的人们进行财富再分配的最后一个机会，而人们一般都会放弃这个机会。因此，如果你真的相信社会就应该像个家庭的话，那么你应该游说大家降低而不是加大收入再分配的力度。

丰富你的想象力

在第一章中，我曾描述了一台可以品尝红酒的机器，它和人一样，可以品出醇和的皮诺酒（就我个人而言，我更喜欢健怡可乐）。这台机器可以机械地复制大脑中的神经元反应模式，因此它也会产生愉悦感。如果你觉得我描述的那台机器的运作（就如同丹尼尔·丹尼特所描述的那样）无法想象的话，很有可能是因为你的想象力不够。你或许可以想象出数十个或上百个相互作用的神经元细胞组成的系统，但是和亿万神经元细胞组成的系统相比，这个系统并没有什么用处。

我们很难想象一个价值 10 亿的东西，所以有时我们会满足于想象一个价值 100 元的东西。但是 100 相对于 10 亿来说不可同日而语。我想这就是为什么那么多人会对之前书上提到的那个头痛问题望而生畏，他们宁愿牺牲一个人的生命去治疗10亿人的头痛。反过来说，人们只能想象的到100个人的头痛，而忽略了10亿个人的头痛加起来是什么样一种情形。

同样地，如果你发觉很难想象分散的市场经济比集中的计划经济能更好地分配资源，那么很有可能你是被一些无关紧要的事情给引入歧途了。你能够想象出来组织一个生日聚会或者一个小型企业是怎么一回事，而且你也能得出总要有人来负责这个结论。从组织的角度来看，经济体系可就不像一个生日聚会或一个小型企业那么简单了，它是复杂多变的。

当我组织一个聚会时，我会告诉人们怎么做能起到最大的帮助作用。如果你要我去构建一个经济体系，我会茫然不知所措。经济体系太庞大、太复杂——且每个人所具有的才能种类繁多、难以观察——因此我无法提供任何关于如何做才最有益的意见。这些都需要你自己去弄清楚。为此，你要去了解哪些商品的需求量大，由此，你需要去了解价格。

令人惊奇的是，你只需要了解价格就够了。正如上亿的神经元相互作用产生了心理活动，数十亿的人通过价格的杠杆作用，不断做出决定，进行交易，这样商品才能够有效地进行生产和流通。经济学家对于价格发展过程的了解可比神经学家对心理活动的了解要透彻得多，但是神经学家很有希望某一天能够追上。

我们需要做大量的研究才能掌握价格体系的运作，不过幸运的是，要说明运作的基本原理，用几个段落就够了。把一个橙子从佛罗里达州运送到缅因州有上千种可行的办法（因为每天有上千辆卡车从佛罗里达出发），而并没有一个中央调控者从他们中挑选出一个可行的道路。市场的奇迹就是始于这样一个事实：运输者的成本越低，利润就会越高，因此人们会争先恐后来这么做。

并且市场形势会越来越好：例如，当全球的小麦价格为一蒲式耳 5 美元时，农民琼斯就会选择在成本为一蒲式耳 4 美元土地上种植小麦，而不会选择有点岩质的土地，因为这里的成本是一蒲式耳 6 美元。在全世界范围内，所有种植成本低于 5 美元的地区都种植小麦，而高于 5 美元的地区则用于其他。这样的结果就是：世界上那 10 亿蒲式耳的小麦是在成本尽可能低的情况下产出的，最大限度地利用了资源，其他的则可以用来种植玉米、大豆或者生产纺织品或机车。

这样做可以行得通是因为（也只有这个原因）所有的农民面临的是同一个价格。否则的话，结果就很糟糕了。例如，我们假设当农民琼斯以每蒲式耳 5 美元的价格出售小麦时，农民布朗却卖到了一蒲式耳 10 美元。那么就会造成这样一种结果：琼斯那成本为 6 美元一蒲式耳的地区会被闲置，而布朗那高达 8 美元一蒲式耳的土地却被种上了小麦，最终引起世界小麦供应成本一路攀升。

我想重申下这一点：高效生产的关键不是仅仅有价格就行了，而是我们要面对同样的价格。如果你能理解其中的原因，那么在理解价格竞争体系会产生惊人效益的路上，你已经迈出了第一步，也是最大的一步。

没有价格作为杠杆，复杂的经济体系就不会有什么效率。例如，在生物学领域，就没有类似的价格运行机制。动物的生存要面对的是成本；它们时时刻刻都面临着被掠食者的魔爪抓走、性命不保的危险，就为了获取那一点食物。但是成本和世界物品价格并不是一回事；从缅因州到新加坡的奶牛如果价格一样的话，就不会有供货源了。与经济系统不同，生态系统自有其复杂性，它的复杂性在于不能保证（或者至少期望）出现令人满意的结果。在牛类养殖上，即便食物供应有限定，也会因为放牧过度、植被遭到破坏而使每个放牛人都得饿死；这是因为他们缺乏一种价格机制来激励自己进行环境保护。

下次如果有人跟你讲我们得保护我们的湿地或雨林，因为生态系统很脆弱，各种因素相互影响，不能被轻易打乱——尤其是当这些话来自那些通过价格调控、进行同工同酬立法、制定最低工资标准和燃油效率标准，打乱了由价格调控的微妙的经济体系而丝毫没有不安的人时，不妨想想上面的例子。要想同时成为一个生态系统保护主义者和经济干预主义者势必要求人们尽量不了解经济学知识。生态学并没有揭示偏离现状的结果一定是糟糕的。但是在经济学领域，我们知道如果背离了自由价格竞争体系，其结果一定不好。

用“我想象不出来”这句话来作为反驳非常无力。如果你想象不出来神经元细胞来回传递信息就产生了人类意识，那么你所能证明的正是自己的想象力不够。如果你无法想象到资源有效配置来源于价格调控体系，那么你所证明的想象力不足则更加惊人——因为这里有一套翔实的理论，详细地解释了如何从实例中得出想要的结果。

成本不等于原罪

2008 年 3 月，天主教会宣布：现在污染也是一种原罪。这又一步推广了天主教一贯的好原则，即原罪无处不在。你吸进了氧气的同时呼出了二氧化碳，那么你现在就是个罪人。

我原来一直认为原罪这个词是用来说那些令人无法容忍的行为。而污染这件事情在一定限度内是可以被容忍的，而且也应该在一定限度内被容许，我们都意识到应该有限度地容忍污染的存在。问题就在于：这个度是多少？我们如何能最好地实现这个度？

这些问题的答案已经隐含在本书第十二章的内容里了：这个

世界之所以有太多的污染，只是因为污染者丝毫察觉不到他们的行为造成的后果。解决办法就是通过征收相应的税使他们感觉到这些后果。假如燃烧一加仑汽油会造成价值 75 美分的生态破坏，那么我们就对每加仑汽油征收 75 美分的税。

当所有事物定价合理时，就没有必要从道德层面来进行解释了。每当你吃掉一颗橙子，这个世界上就会减少一颗橙子。但是没有人会觉得吃橙子是一种罪过的行为，因为吃橙子的人花钱买到了吃橙子的权利——从而也偿还了他所造成的损害。

有了合理的征税制度，增加少许的污染排放量将被视为和吃一颗橙子那样无可非议。污染者皮特对我们的肺造成了价值 10 美元的损害；他通过向国库缴纳 10 美元作为对我们的补偿（由此政府可以向我们提供价值 10 美元的服务，或者少征税 10 美元的税），这样最后考虑下来，他也没有对我们产生伤害。

因此，我们为什么不去实行这样的税收政策呢？我怀疑至少部分是因为世界上有了这个合理的纳税制度，很多神父就得下岗了。社会问题一旦解决，就无须再去加以指责。

进化赋予我们一种动力去鉴别、谴责和惩治一些“坏家伙”，因为他们不遵守人类那些明显看起来更高尚的价值观。通常，我们宁可去谴责而不是去解决这个问题。这一本能对过去生活在萨瓦纳大草原的祖先有用，但是对于今天的我们来说并不总是有用。

顾全大局

通常来说，步入九旬高龄的老人身体不如我们。但这并不意味着他们不幸运。我特别希望将来有一天也能成为他们中的一员。

一般来说，孤立地依靠一些事实去评判别人命运好或者不好，这样做本身不对。过去几十年中，贫富之间的差距越来越大，也许是新科技使得有技能、受教育程度高的人获得了更高的回报。不过重要的是，我们需要从更广阔的背景去看待这个事情。

当收入差距朝着一个方向增大时，休闲差距则朝着另一个方向增长。1965 年，不同阶层之间休闲时间的分配几乎一样。那时候无论社会经济地位如何，年龄相仿、性别相同或者家庭规模相同的人们总能够享受到同等程度的休闲。但是自从那时候起，发生了两件大事。第一，休闲时间（像工资一样）在全美范围内急剧增长。第二，尽管每个人的休闲时间都增加了，但是休闲时间最充裕的是那些处于社会经济结构底层的人们。

1965 年，男人平均每周在办公室或工厂上班的时间是 42 小时；再算上喝咖啡、吃午饭和上下班路上的时间，总共是 51 个小时。现如今，他们只需要工作 36 或 40 个小时，一周 42 或者 51 小时已经成为过去时。那么省下来的这些时间他们都干些什么呢？他们把少量时间花在购物和家务上，而花大量的之间去看电视、读报纸、参加聚会、放松、泡吧、打高尔夫球、上网、拜访朋友和享受性生活等。总之，不管你采用哪种计算方法，他们每个周的空闲时间会多出来 6 到 8 小时——我们把它看作每年多放了 9 个星期的假。

对于女人来讲，她们每周的工作时间从 17 个小时增加到了 24 小时。再加上休息和上下班路上的时间，总计会达到 20 至 26 小时。但是她们花在家务活上的时间从一周 35 小时减少到了 22 个小时，这样一周就增加了 4 到 6 小时的休闲时间。这样可以算作一年多了 5 个星期的假。发生这样的变化，一小部分是因为美国的家庭结构发生了改变。美国人的平均寿命增加了，而平均拥有的子女变少了，所以他们的工作时间变少也不足为奇。但是即使你拿现代的美国人和 1965 年那时候相似的样本（拥有同样的家庭人口、年龄相似、教育程度一致）做对比——增加的休闲时间仍然是大约一周 4—8 个小时，相当于每年多放了 7 个星期的假期。

但并非每个人都是如此。拿我们当中 10% 的人和他们在 1965 年的对照人群做对比，我们发现休闲时间基本相同。从另一个极端来看，还拿我们当中的 10% 和与其对应的 1965 年的对照人群做对比，我们吃惊地发现，休闲时间每周增加了 14 个小时（这次还是一样，我们对比参照的对象是 1965 年时和你今天具有相同特征的人）。大体而言，休闲时间大幅增长的现象主要体现在那些收入增幅缓慢、停滞不前的阶层——换言之，就是那些个人技能水平和受教育水平最低的人群。与此相反，休闲时间增幅最小的人群主要集中于受教育程度最高的那些人，正是这些人的收入增幅最大。

人并不能只靠面包活着。生活幸福与否部分取决于收入水平，但是也和我们与亲朋欢聚的时光、花在兴趣爱好和喜欢的电视节目上的时间长短息息相关。所以，正确的思维方式是，你可以试着牢记，从整体来看，收入上的大赢家反而成为休闲上的小赢家，反之亦然。

观念很重要

在这本书（第十六章）和其他地方，我都写过关于生和死这两个问题。什么时候把一个人推倒在疾驰的电车前、摘取一个健康人士的器官或者关掉呼吸器可以被接受呢？

例如，我有提到，为没有医疗保险的穷人提供呼吸机是一种不理智的行为。我这么说并不是因为我想要惩罚穷人，是因为呼吸机价格昂贵，而且我认为如果我们要这样花钱来帮助穷人的话，那一定有更好的办法来实现——例如，我们可以帮助他们还清在食品杂货店的赊账单。（而且你建议我们同时做这两件事情并没有什么用；如果你想每年花10亿美元来帮助穷人使用呼吸机，再花10亿去帮他们还清食品杂货店的赊账单，那么我建议你最好把所有的这20亿都花在偿清食品杂货店的赊账单上。）

每当我写这方面的内容时，我就会被铺天盖地的电子邮件淹没。反对者们提议我这样的成本和效益分析在考虑无足轻重的政策问题上确实不错，但是一定不适用于讨论生和死的问题。多么奇怪的观点：经济学家在考虑取舍问题时确实有实用的办法，而且我们应该接纳这些想法——除了那些很重要的马上就要发生的事情。这就好比在说科学在设计家电的时候很有用，但是涉及一些真正重要的事情，比如癌症治疗方面的问题时，我们还不如求助于巫术。

有时候巫术会假借科学的外衣，但巫术终究是巫术。我的电子邮箱里也不乏一些控诉，他们认为我的成本—效益分析不能够区分“确实存在”和“统计学意义上的存在”——也就是那些我知道或者不知道名字的陌生人的存在。

这种反对意见简直不可理喻，因为我不曾记得提到过这样的区别会产生什么影响。我也想象不出任何合理的论证来说明这样一种区分能够带来什么不同。

为了具体一点，我们拿十六章中的头痛问题为例：我们都知道人们会花一美元去治疗头痛，但是不会为了避免10亿分之一的死亡概率而去耗费一美元。因此，如果让你来接手这10亿头痛患者，而你提出通过随机选择杀死其中一个人的方式来治疗其他人的头痛，那么你就是帮了他们所有人一个大忙。帮助别人是好事，所以，尽管去做吧。在这一论证过程中，被选择的牺牲者是谁无关紧要。

近期，我和加州大学洛杉矶分校的马克·克雷曼（Mark Kleiman）教授通过几个回合的邮件进行了讨论。他把反对意见贴在了博客上（专门针对我那篇有关呼吸机的专栏文章）。克雷曼教授的反对意见如下：一旦你选定了受害者，他的生命就因“统计学意义上的存在”变成了“确实消失”，这就推翻了之前的论证。但是，我认为什么都没有发生变化。从一开始我们就知道得杀掉一个人；现在我们还是会去杀掉一个人；如果这过去是个好主意，它现在仍旧是一个好主意。

按照克雷曼教授所谓的“论证”，所有那些选择了一条有风险的道路而最终遭殃的人应该得到补偿。我们都一致赞同让那些不受欢迎的餐厅倒闭是一件好事。但是，一旦一家特定的餐馆关门倒闭，它就从“统计学意义上的存在”变成了“确定消失”，因此，我猜想克雷曼教授得要求我们给这家店主提供紧急财政援助。

让我们来做一个思维实验，看看克雷曼教授的思想会指引我们得出什么样的结论。假如一个疯狂的哲学家抓了5个人——这 5 个人的名字你都知道，所以他们可以被认定为“确定存在”——哲学家打算杀掉他们，除非你同意他去随机杀掉 6 个陌生人。克雷曼教授很有可能会牺牲 6 个陌生人的生命来救这 5 个人。（我猜想在克雷曼教授这里，那 6 个统计学意义上的生命的价值要远低于这 5 个确定存在的生命；如果克雷曼教授脑中的比例并不是 6 : 5 的话，我们还可以把数字换成 10 或者 11，或者任何能让他满意的数字。）要被杀掉的 6 个人既已选出，在死之前，我们会知道他们的名字。到了这一步，克雷曼教授又会愿意牺牲别的 7 个陌生人来挽救这 6 个人。然后又选出来 7 个人，我们又会知道他们的名字……最终，克雷曼教授会牺牲掉整个地球上所有的人。

又或者不是。克雷曼教授在博客和邮件中的表述模糊不清，我都不晓得他到底在反驳什么。例如，他经常混淆“我要给你多少钱你会愿意冒生命危险”和“你愿意给我多少钱来救你于危难”这两个问题的关键区别，这样他总是前后不一致。为了使论据更牢固，最后我把我的论证过程转换成几行数学推理，然后问他不同意其中的哪一行。[①]这次以后他就不再给我发邮件了，只是在博客上反复陈述自己的观点，而我并不觉得这些观点跟之前有什么变化。

---

① 关于这些推理你可以访问 www.the-big-questions.com/lives.html。

通过这件事情我得到的教训是，满口专业词汇，如“Statistical（统计学意义上的存在）”和“Identified（确实存在）”，这些都代替不了分析过程。如果你正在反驳一个合乎逻辑的论证过程，请试着问问自己到底是不同意其中的哪一点。如果你无法确定到底不同意哪一点，那么很有可能你只是在胡说八道。

不要胡说八道

特别要说明的一点是，不要去效仿阿尔·戈尔（Al Gore）。在纪录片《难以忽视的真相》（*An Inconvenient Truth*）中，戈尔把有关气候政策的争论演变成了气候控制和获取“金条”之间的一种权衡，这着实有辱观众的智商。“哼哼，”他话语间充满讽刺语气，“那些金条难道看起来不好吗？”

但是，但凡年龄超过8岁的人都晓得金条并不是产生问题的根源。相反，若我们选择限制碳排放量的话，这些金条就被用来衡量我们所必须付出的切实代价的价值。这些代价包括食物、照明和交通。

诚实来讲，我们可以把这些金条换成充足的食物去养活非洲大陆的人民，或者是一个可以调控温度的地球。哼哼，这难道看起来不好吗？

要理智地谈论气候控制问题，你必须得面对大概半打的难题。比如，气候变化会产生哪些不利的影响？消除这些不利影响需要投入多大的成本（比如说因为全球变暖而把纽约搬到内陆）？抵消掉的收益有哪些（比如阿拉斯加的小麦作物）？地球遭受一些其他灾难（比如小行星撞击），从而导致我们控制碳排放量的行为变得可有可无的可能性有多大？我们该给后代留下些什么？我们如何规避风险？等等。

（规避风险事关重要，并不仅仅是因为气候变化产生的影响带有不确定性，还因为它会影响到子孙后代所期望的我们应有的行为方式。把自己想象成一个无形的灵魂，正在排队等待降生——可能是明年，也有可能是100年以后。如果你无法容忍风险的话，你会希望我们奉行的政策对每一代人都是公平的；如果你喜欢碰运气的话，你可能更倾向于我们的政策允许某些时代的人以其他时代为代价过上更好的生活。）

一些研究气候变化的严肃学者——比如向英国政府提交斯特恩报告的作者——他们值得我们敬仰，这是因为他们愿意面对这些棘手的哲学、科学和经济学的问题。但那些试图用虚假的比喻来掩盖深层次的难题，从而把整个事件简化的人们，他们都可以获得反智主义诺贝尔奖了。

真的不要胡说八道

语言代替不了思想。下面是我最近听到的一些欠考虑的人们说的话：

生命始于怀孕是因为受精卵包含了所有用来缔造一个成年人的必要的基因信息。

哦。受精卵里包含的所有基因信息也可以刻录在光盘上。如果我把这些信息都刻录到光盘上的话，是不是这个光盘就有了生命呢？

我们不应该只顾着拼命赚钱，而应该多关心下他人。

好吧，但是当你关怀他人时，你怎么知道自己做到了这一点呢？通常来讲，你关怀他人是因为他们愿意为你的付出花钱。

当然了，我们当中有些人——比如说，老师——就很幸运，他们能从所关怀的对象那里得到直接的回馈。但是对其他人，比如说流水线上的工人或者一个企业的主管，他们所做出的努力造福了成千上万的人，而他们根本无缘相见，这又如何呢？对很多人施以微惠和对少数人施惠很多有时候给社会带来的好处是一样的。通常来说，能确定自己在对社会做贡献的最好办法就是看看自己赚了多少钱。

最重要的一点是，不要造成伤害。

从字面来看，这句话的意思是“什么也不要做”，因为任何行为都存在造成伤害的风险。没有人是想表达这样的意思，那为什么他们要这样说呢？

每一张选票都应该算数。当投票环节结束后，我们应该重新计票，直到我们确定谁获得胜出。

说这话的人也许内心有些想法，但我无法想象他到底在想些什么。民主的那些理论（精简到最基本的部分，同时忽略掉各种重要的警示说明之后）就是：通常来说，获得选票较多的候选人就是更适合的人选。那么，毫无疑问，我们就可以顺势得出获得选票稍微多点的候选人就是稍微好点的人选。而且，如果一个候选人只比另一个候选人稍微好点的话，那么就算计票出错也不是什么巨大的悲剧。考虑到重新计票的成本，更明智的做法就是抛硬币。

乐于不争辩

为信念争辩时要充满热情；仔细倾听对手，尽全力为自己加油，直到失败。即便是失败了，你也已经学到了一些东西。

二十三　学什么
——给大学生的一些建议

想要树立健康的人生观，你应该摒弃形而上学，把自己培养成一个出色的数学家。

——伯特兰·罗素

我读大学期间修了一门关于莎士比亚的课。给我们上课的是一个男老师，这里我将他称呼为“N教授”。上高中的时候我并不是太欣赏莎士比亚，但是N教授将莎士比亚的经典戏剧赋予了生命，带进了我的生活。课程结束后，我走进N教授的办公室，感谢他改变了我的生活，虽然微小，但却很重要。他微微一笑，说他很感激我这么说，那会儿他还没有从听到自己一大早就被解雇的震惊中缓过劲来。

多年以后，我从谷歌上搜索N教授的信息，发现他正在一所规模不大的社区学院任教。那里的学生抱怨他讲课枯燥无趣而且要求过于苛刻。也许，他们当中没有几个能欣赏N教授，也不会意识到他就是他们的宝贵财富。

很庆幸自己曾经修了那门课，我对大学修的大多数课程都不至于如此欣喜。但我不明白当初为什么我被允许修这门课来获得学分。诚然，这门课极大地丰富了我的生活。但性和药物也是如此，却没有人因此给我学分。

我喜欢莎士比亚。我也喜欢《辛普森一家》。N教授让我喜欢上了前者。我女儿（才三岁）让我喜欢上了后者。我为拥有这两大喜好而感激他俩，但是我觉得这两个都不适合作为大学课程的素材。我确信它们最多可以算作选修系列讲座的内容。大学应该向学生提供多种能够使他们的生活更加丰富的选修课程，比如校内篮球赛、日光浴等。但是看书和打篮球或泡日光浴一样，都是一种休闲活动，没有说哪个更值得赞赏，这一点大学校方不应该假装不明白。

尽管如此，语言教学的两大任务中，教会学生读书对他们更有利。另一项是教会他们写作，而就是这一点会对学生造成真正的伤害。

对大学教授来说，顶头疼的一件事情就是写作课上有学生不按照写作范文要求，保持思想独立，写自己想要说的。最后学生交上来的是一篇逻辑严密、语法正确的散文，只是偶尔有些地方用逻辑论证替代了华美的辞藻，他们不明白为什么自己的作业得了零分。

从另一方面来讲，如果你的作文写得晦涩难懂，这通常是因为你的思维也很模糊。纠正方法不是去进行一系列的写作练习，而是要去掌握写作的主题。

在数十年给杂志和报纸写稿的过程中，我曾写过一些精彩的专栏文章，也有一些专栏文章名不见经传。几乎每一篇写得不好的文章都是因为我还不能够明确论证的逻辑结构。而一篇好的专栏文章，几乎都是因为我已经把逻辑论证过程演化成了数学公式，用演算纸反复计算，以保证论点的可靠性，然后抹去这些数学公式，把结果用散文的形式表达出来。把数学公式转换成散文并不难。当你知道自己在说什么时，写作起来就会很流畅，文思泉涌。而如果你只是要努力把散文写得“辞藻华丽”，那么很有可能你会把自己的思路搞混。

因此，我一般都会建议大学生不要学语言专业。如果你非常喜欢阅读，读就是了，没有必要去上语言课。尽管我非常感激N教授，可事实是如果我当时没有花那么多时间去读《查理三世》（*Charles III* ），我也会不断地去读别的书，或许这些书没有《查理三世》好，但是谁又能知道呢？如果你本不喜欢看书，那就去打打网球或者做些别的。爱好没有什么高低优劣之分。

如果你想选修一两门文学课程，我不会阻拦你，只是你不要让它们影响到你的学习。但是看在上帝的分上，一定不要选修写作这门课。如果你想学习写作，不如花一两年的时间去学习别的课程，比如认知科学。抓住那个能够强烈吸引你的想法，花大量的时间去思考关于这个想法的具体结构，然后讲给你的朋友们听。你不会陷入词穷的困境，你只需要把想说的写在纸上。

那么，你到底应该学些什么呢？你必须去学习自己喜欢的东西，这句陈词滥调不是没有道理，而且还有一些可靠的经济学论据做支撑：无论你以后要从事什么样的职业，你一定会和喜欢这个职业的人竞争，而他们的热爱之情会让他们更有持久性。如果你没有这份热情，你就不会赶上他们。

我认为哲学是一门可爱的学科，它总是通过有效的方式来解决一些重要的问题。不过对于主流的哲学教育方式我还是有些疑虑。大学本科的哲学专业通常都会提供一到两门有关亚里士多德、康德或者某个已作古多年的哲学家的课程。除了哲学，亚里士多德的著作还涉及多个学科：生物、物理、政治和音乐等领域。但是没有哪一个生物学或者物理学专业的学生会被要求去读亚里士多德的著作。他的思想在那个时代确实了不起，但是时隔 2400 年之后，人们已经找到了更好的思考方式。显然，只有那些哲学家们对自己的专业发展这么没把握，以至于他们还得上那些拘囿于远古时代水平的课程。

在我看来，没有哪一门科学比数学更优美，或者更有益于人的大脑健康，它研究的是一切可能的东西。正如你所知道的（除非你是从最后倒着看的这本书），我也非常迷恋经济学和物理学，因为这些学科可以从明显的混沌中提取出逻辑顺序。但是你完全没有理由根据我的个人偏好——或者你的先入观点而让自己在选择时有所束缚。我刚上大学时考虑过我应该学习历史、政治还是英语（这是真的）。谢天谢地，兜了一圈我还是选择了数学专业。[①]

如果你喜欢数学，并且你也掌握了学习数学的诀窍，那么不论你觉得最终会选择哪个发展方向，选修数学课绝对没错。一流的经济学博士招生计划往往偏爱那些数学底子好的学生，其程度超过了对经济学功底好的学生的青睐；我听说在生物学领域也是如此，而且我猜想在很多其他学科也是这种情况。在我任教的经济学专业，我们经常录取一些数学专业的学生，从成绩单上来看，他们几乎没有（或者甚至完全没有）学习过经济学课程。我们永远不会录取那些没有经过适当数学训练的经济学专业的学生。

我们这样做，部分原因是我们认为如果一个人能够学好数学，

① 我并不是说历史和政治学专业不好，只是对我来说，这两个都不是正确的选择。

那么他就能清晰地思考，而拥有清晰的思路是学习经济学（或者做任何值得做的事情）时不可或缺的。另一部分原因是数学就是一种对一般模式的研究，它几乎适用于任何最后可以归结为知识层面的过程。

英国剑桥大学曾经有一位数学专业的学生，名叫弗兰克·普伦普顿·拉姆齐（Frank Plumpton Ramsey）。他的兴趣几乎涵盖了所有我在本书中提到的话题和很多别的领域。他挚爱哲学和文学，而且博览群书（没有接受过任何语言方面的帮助）。就如同他喜欢好书一样，他也喜欢结交良友。他这个人脾气很随和，招人喜欢，而且是出了名的谦虚和诚实，脸上总是一副"自然的咯咯笑"的表情。毕业之后，他当了一名数学老师，跟他深交的好友包括世界上最重要的哲学家之一——路德维希·维特根斯坦（Ludwig Wittgenstein）和皮耶罗·斯拉法（Piero Sraffa），一个前沿经济学专家。

我稍作停顿来讲个关于斯拉法的（与本章内容完全不相关的）小插曲：他的主要著作是一本名为《用商品生产商品》（*The Production of Commodities by Means of Commodities*）的书，在书中他尝试着来解决在确定利率和生产力的理论研究方面出现的深层次悖论。这本书可以说非常专业，而且也很难理解。

有一天，一位剑桥研究生急匆匆地跑进经济学院的休息室，一把抓住斯拉法的同事——杰出的经济学家帕西内蒂（Luigi Pasinetti），上气不接下气地说："帕西内蒂教授，我已经研读了斯拉法教授的书好几个月了，现在我觉得我终于理解了！我确切地明白了他的本意！让我来向您解释下吧！"于是他们坐在沙发上，帕西内蒂教授耐心倾听这个学生一口气讲了15分钟复杂、深奥的理论。言毕，学生问道："我已经理解了吗？是这样吗？我是否抓住了要点？"帕西内蒂教授回答道："你为什么不去问问斯拉法本人呢？他就坐在你的另一边。"

这个学生转过头来，惊喜参半。他发现斯拉法确实一直就坐在他的旁边——头靠着沙发，闭着眼睛，面向天花板。学生小心翼翼地重复自己的问题："我理解得对吗，斯拉法教授？那是不是就是你在书中所要表达的意思呢？"斯拉法没有睁开眼睛，回复说："我不会告诉你的。"

拉姆齐痴迷于各种信念以及介于信念和知识之间的过渡区域。他指出，虽然人们可以接受一些稀奇古怪的事情，但是要让他们同时相信好几种稀奇古怪的说法那可就难多了。没人会同时相信"纽约扬基队今晚一定会大败波士顿红袜队"和"波士顿红袜队一定会击败纽约扬基队"这两种说法。一个赌徒如果同时相信这两个说法马上就会输到一无所有。他会拿两美元押在扬基队上以求一美元的收益，同时又拿两美元押在红袜队上来求一美元的利益。

这样无论比赛的结果是什么，他都会失掉两美元而赢回一美元。

拉姆齐假设，如果一种备选项组合能够让骗子通过巧妙的赔率组合赢走你所有的赌注，那么这种组合则不存在。之后，他想出了如何依照这条标准来精确地排除掉不可能的组合。他的这一成果构成了现代博弈论基础理论的一部分。

我们都会更确信一些说法超过另一些说法，拉姆齐的理论正好可以来说明这些信念的可信程度，正如这些信念本身所表明的一样。如果你跟我说你相信灵魂会复活，那么我该怎么样去估算你这个信念的可信程度呢？拉姆齐的答案是，不要只听你说了什么，而要看你做了什么。我计划了一整天的行程，都是围绕“我的车子可以启动”这个前提；因此，你就可以从中推断我认为这个假设有很高的可信度。如果你的信仰对你的行为没有什么明显的影响，那么不论你反对的呼声有多高，我都有权利认为你对这个信仰的坚信程度很低。

现在，我们如何从信念延伸到知识呢？在此，拉姆齐又给出了一个应用广泛、影响力深远的理论，它着重强调了可靠过程的作用，这些过程包括数学层面的理解、逻辑分析和证据的积累。

在研究数学的过程中，拉姆齐为一个奇怪的事实受到了极大的冲击：在任何一个有 6 位宾客的聚会中，总是会有 3 个互相认识的人或 3 个互不认识的人。这个事实并不明显，但是要给出证明也不是什么难事。[①] 自然他又想要得到这个问题的答案：需要邀请多少个宾客才能保证有 4 个相互认识的人或者 4 个互不认识的人？

这个问题是否有答案一时还看不明朗。也许聚会规模可以随意扩大，但是一直不曾出现 4 个人同时认识或者 4 个人同时不认识的情况。但事实证明，这个问题的答案存在（拉姆齐给予了证明），而且答案是 18（这是拉姆齐生前都没解出来的答案）。一场聚会的宾客数是 17 的话就能避免出现 4 个人互相认识或者互相不认识的局面，但是当宾客数是 18 时，这种情况就避免不了了。

那么如果现在数字换成 5 呢，多少人的聚会会出现 5 个人互相认识或者 5 个人互不认识的局面？同样，拉姆齐在死之前也不知道这个问题的答案——也许你和我也不会知道。目前能够得知的是答案就在 43 和 49 之间。同样地，拉姆齐早已证明了答案是存在的。

聚会上有多少人才能出现 6 个互相认识的人或者 6 个互不认

① 以下就是证明过程：想象一下你自己就是这 6 人聚会成员中的一员。假设当时你有 3 位朋友在场，假如他们中有两个互相认识，那么再加上你就组成一个互相认识的 3 人小组；从另一方面来看，假如聚会上你认识的人不足 3 个，因为总共是 6 个人，那么至少有 3 个人你不认识。如果你不认识的这 3 个人中的任何两个又互不认识的话，再加上你就组成一个互不认识的 3 人小组；如果这 3 个人都互相认识的话，那么他们自身就组成了一个互相认识的 3 人组。这就包含了所有的情况。

识的人呢？已知的答案是在102和165之间；数字是7的话，答案就在205和540之间；数目是8的话，答案就在282和1870之间。而如果换成19的话，我们所能知道的就是答案在17885和9075135299之间。不过拉姆齐早已证明，不管你把数字增加到多大，答案总是存在的。

事实上，他证明出来的更多。例如，假设我们把人际关系扩展到超出“认识”和“不认识”的范围。假设任何两个人之间可能是朋友、情人、敌人或者是陌生人。要举办多少人的聚会才能保证在宾客中找出4对朋友、5对情人、3对敌人或者是10个互不认识的陌生人呢？我连个模糊的想法都没有，但是拉姆齐定理又一次告诉我这个问题的答案是存在的。

从某种模糊的意义上来看，拉姆齐的理论表明在一种巨大的混沌状态中必然存在着一种秩序。存在19个人互相认识或者19个互不认识的人是一种高度有序的结构，而且我非常肯定可以在随机挑选的9075135299个宾客中找出这样9个人的组合。

现如今有一个专门用来处理这类问题的数学分支叫作“拉姆齐理论”。拉姆齐理论包含大量正确但无法证明的表述——就像赫拉克勒斯总会打败九头蛇这个说法一样。哥德尔率先对这类表述给出了范例，但是当时他的说法几乎不被人理解。拉姆齐理论属于第一个向普通的广大数学家们提供易于理解的例子。

事实上，拉姆齐对这一类聚会问题感兴趣并不是为了要解决这些问题，而是因为他想要以此来验证他那个从纯逻辑原则中推导出数学真理的宏大计划。这个计划只取得了部分成功，但是却产生了很大的影响。

在经济学方面，拉姆齐也做出了不可磨灭的贡献，这或许部分是因为他和斯拉法之间的友谊，而可以肯定的是，这一定和他与经济学家约翰·梅纳德·凯恩斯（John Maynard Keynes）的交往有关。事实上，拉姆齐的名字频频出现在经济学领域的文献中，由此大多数经济学家都认为他应该是一个百分百的经济学家。当我告知他们拉姆齐最感兴趣的是数学和哲学，经济学只排第三的时候，人们都惊呆了。

拉姆齐提出了这样一个问题“人们应该节约到什么程度？”，答案当然至少部分取决于我们对子孙后代有多重视。拉姆齐的答案是，我们当然应该关心在未来降生的陌生人，其程度就和我们关心同时代出生的陌生人一模一样。至于其他的想法，他表示“在道德上都是站不住脚的”。我想知道他对于我在本书提到的截然相反的观点会作何理解。

从拉姆齐的道德立场出发，他仍然还是要面对现实中技术层面的问题。那好，我们选择平等地对待每一代人。那么我们要如何从这里出发去得到一个类似“我们应该节省七成收入”这样具体的答案？拉姆齐设计出来用于解决这个问题的“拉姆齐增长模式”（Ramsey Growth Model）现在已经成为经济学研究生一年级的必修内容。还有“拉姆齐定价模型”（Ramsey Pricing Model）也是如此，它分析的是如何规范企业垄断来制定价格以产生最大的社会收益。

在某种程度上，与大多数经济学家相比，拉姆齐对经济学的研究更为深入，这要得益于他在相关的数学和哲学领域问题上深刻的根基。正如凯恩斯所说：“当他从业已习惯的冰冷高度降下来时，仍然可以在众多经济学家奋力吸气的稀薄空气中毫不费力地生存。”

凯恩斯所言为实。之前他花费数年着手一个改写概率论基础的项目，而且他已经以此为主题写了一本厚厚的书，但当年年仅19岁的拉姆齐使他确信研究的方向不对时，他就彻底放弃了那个项目。那些著名的哲学家，包括伯特兰·罗素和路德维希·维特根斯坦，都会针对拉姆齐给出的批评意见而大幅削减或者修改自己的研究计划。著名哲学家R. B. 布雷斯韦特（R. B. Braithwaite）曾经说过：

> 我总是觉得，关于我们讨论的任何主题，拉姆齐总是理解得比我要深刻，而且当他无法说服我时（常有的事情），我通常都会觉得或许他是对的、我是错的，我不赞同他也只是

因为我内心缺乏认错的精神力量。

单看他愿意放弃自己的观点而服从拉姆齐的意见这一件事，布雷斯韦特或许就算的上是我们在第八章中探讨过的难得的追求真理的老实人！

任何从事学术研究的人都会偶尔在一个项目上浪费几周时间（或许是几年也不稀罕），而回想起来，这些项目从一开始就考虑不周。拉姆齐本人也不例外。他曾被这个问题短暂耽搁：你得做出决定，比如是住在纽约还是芝加哥。这里有些信息可能会和你的决定有关，比如芝加哥的就业市场状况或者年降水量。问题是：在你做出决定之前就知道这些信息好，还是决定之后知道好？

很显然答案是“之前”。但是，显而易见的并不总是对的。令人钦佩的是，拉姆齐想要从最初的原则来思考问题。首先，他的第一步是要把这个问题转化成数学形式，这完全合理。不幸的是，他把问题转化成了不必要的复杂形式，这下子反过来要求他做出一系列辅助的技术假设。最后，他找到了正确答案（最终还是“之前”更好），但为此他耗费了太多的精力。更糟糕的是，因为做了一些额外的技术性假设，他的证明并不具有普遍适用性。而一个更简单的论证可以证明更多。

在某一时刻，拉姆齐想必已经意识到自己搞错了方向；他把那满满两页的手稿塞进了抽屉，而且据我所知，他再也没有拿出来看过。不过，就在拉姆齐去世多年以后，人们发现了这些手稿并刊登在《英国哲学杂志》（*British Journal for the Philosophy of Science*）上，还配有编者按来大肆吹捧其内容的深刻性。[①]正是因为这件事情，我有时会对哲学家做出的评判抱以审慎的态度。但是，站在编辑的立场来看，我知道没有一个数学家、经济学家或者物理学家（也包括我自己）愿意别人拿自己说过的并已出版的最愚蠢的东西来评判自己的研究水平。

就像本书中其他很多地方一样，关于弗兰克·普伦普顿·拉姆齐，我侃侃而谈说了很多，但是我并不是要刻意说明什么，而是我觉得这些内容很有趣而且放在这里也很合适。如果真要就此总结一点经验教训的话，或许就是：我们不必太拘泥于学科间的传统界限，让心灵自由飞翔。

或者是：尽可能地让青春熠熠闪光。拉姆齐是两个女儿的父亲，是维特根斯坦、斯拉法和凯恩斯的挚友，写了大约 15 篇不朽的论文，涉及哲学、逻辑、数学和经济学等领域。他于 1930 年 1 月 19 日死于慢性肝病，年仅 26 岁。

---

① 在哲学家眼中，《英国哲学杂志》享有极高的声誉，我本人也曾有幸在上面发表过文章。

如果说我比别人看得远，那是因为我站在巨人的肩膀上。

——艾萨克·牛顿（Sir Isaac Newton）

如果说我没有别人看得远，那是因为矮子站在我的肩膀上。

——匿名者

在这一部分我要分享一些进一步的思考和我钦佩的思想家的观点。

前言

大卫·默民教授的那本《狭义相对论中的时空》（Space and Time in Special Relativity）在1968年问世。2005年，默民教授写了一本新的关于狭义相对论的书，书名叫作《时间》（*It's About Time*）。默民教授认为这本较新的书写得更好。我也同意这本书很不错，但我还是更喜欢那本旧的，我喜欢它并不仅仅是因为它能让我想起年轻的时候。

第一章　论万物

在本章中我已提出如下主张：数学对象独立于对它进行研究的人类而存在。这确实是一个主流信念，而且有可能是数学工作者中唯一的一个主流信念。以下我引用了19世纪最有影响力的两位数学家的话；再找出几十个这样的数学家也不是难事：

> 我相信数字和泛函分析并不是人类大脑任意思考出来的结果；我认为它们存在于我们之外，就和客观现实中的事物一样具有相同的必然性，而我们只是遇到或发现了它们，然后就像物理学家、化学家和动物学家发现新事物一样，对它们进行研究。
>
> ——大卫·希尔伯特（David Hilbert）

> 我相信数学现实存在于我们人类之外，我们的任务就是去发现它们、观察它们。至于我们证明的那些定理，那些我们夸大其词称之为我们的“创造”的东西，其实只是我们在观察时所做的笔记罢了。
>
> ——戈弗雷·哈罗德·哈代（G. H. Hardy）

（当然了，当我提出数学对象不仅真实存在，而且是浩浩宇宙的产物时，已经远远超出了这两位数学家的观点。）

第四章 白日梦信徒

波纹是一种复杂的物理学现象。

以下还是我在第四章中提到过的内容：奇数维度的媒介（例如我们周围的空气，就是一种三维媒介）内发生的振动不会传送波纹。相形之下，偶数维度的媒介（例如湖面）一定会传送波纹。[①]

但是以下内容我并未提及：湖是一个复杂的物体，你看到的湖面上的波纹就更为复杂（而且可能比任何二维媒介内的波纹要更大、存在的时间更长）。在很大程度上，湖面上的波纹并不是普通的关于二维媒介的物理学所能解释的，而是要诉诸于专门关于池塘的物理学知识。[②]

不过，上述中的任何一点都不会改变主要事实：湖面会起波纹，而声音不会。然而，当我听到“声音是一种波”的说法时，

① 对那些比较关注这一部分的读者，我在网站上附上了这些事实的（非常专业的）证明过程，网址：www.the-big-quations.com/ripples.html.

② 更确切地说（对那些能够忍受这些术语的人们而言），事实是波动方程式通常只能预测二维空间的波纹，而湖面的波纹至少在一定程度上是一种非线性现象，这也是事实。因此，波动方程式并不能完全来解释这种现象。

我却毫无疑问地接受了——尽管声音和我熟知的波并没有明显的一丁点的相似之处。

第八章 第欧根尼的噩梦

1976年，奥曼（Robert John Aumann）教授在他那本《统计学年鉴》（*Annals of Statistics*）中证明我们在争论时最后不可能和而不同（agree to disagree）。经济学家约翰·吉纳考普劳斯（John Geanakoplos）和赫拉克勒斯·伯里马卡吉斯（Herakles Polemarchakis）证明我们不可能永远争论下去，文章刊载在1982年的《经济学理论》（*Journal of Economics Theory*）。计算机科学家斯科特·阿伦森（Scott Aaronson）证明经过一段合理的时间就能得出一致结论，这一论证出现在关于计算理论的《三十七届ACM研讨会会议记录》（*Proceedings of the Thirty-seventh Annual ACM Symposium*）中。

还有数十篇扩展奥曼研究成果的论文，都是先指出潜在的漏洞，然后再进行修补缝合。正如文中所言，其中一个潜在的漏洞是我们所有的信念并不都是源于逻辑和证据；2006年，罗宾·汉森（Robin Hanson）在《理论与决策》（*Theory and Decision*）杂志中对这一漏洞进行了分析和修补。

早在几年前，汉森就在《经济学快报》（*Economics Letters*）中给出了一个令人愉快的观察报告，他指出当两个诚实的真理追求者争论时，他们一来一回的观点应该丝毫无法预见。特工 86 说：“我非常确定卷毛就是罪魁祸首。”特工 99 说：“我非常确定罪魁祸首是一个叫闪扑的人。”特工 86 接下来会说什么？也许他会说：“好吧，我仍然坚持认为是卷毛，但是我现在没那么确定了。”或者他也许会说：“天哪，你是对的。一定就是闪扑！”这一说法直接超越了特工 99 的确定程度！汉森证明得出，如果世界上都是诚实的真理追求者，那么特工 99 应该不知道对方会如何回应。

2009 年，泰勒·柯翁（Tyler Cowen）和罗宾·汉森（Robin Hanson）在《经济方法论杂志》（*Journal of Economic Methodology*）上发表了一篇名为《所有的分歧都诚实吗？》的论文，如果你想看一下关于整个文献的合理、全面且易于理解的概述，不妨去看看这篇论文。

第九章　了解数学

若要对哥德尔的论点给出一个异常清晰且容易理解的说明，我强烈推荐一本小书《哥德尔证明》（*Gödel's Proof*），作者是欧内斯特·内格尔（Ernest Nagel）和詹姆斯·R. 纽曼（James R.

Newman）。我年轻的时候读过这本书，而且自此之后就爱上了数理逻辑。

顺便说一下，哥德尔支持这样一个观点：我们通过超感官知觉来获取数学知识，而不是通过逻辑和证据：

尽管远远不同于感官体验，我们对集合论这一数学对象的确会产生一种知觉，这一点可以从以下事实中看出：那些数学原理会加到我们身上，并且内容都是真的。我一点也不明白为什么我们要不信任这种知觉，即对数学直觉的信任没有对感官体验的信心多……也许它们也代表了客观现实的一个方面，但是，与人类的感觉不同，这些超感官知觉的出现也许要源自于我们和现实的另一种相互关系。

第十章　赫拉克勒斯和九头蛇怪

赫拉克勒斯和九头怪蛇的游戏发明者是劳里·科比（Laurie Kirby）和杰夫·帕里斯（Jeff Paris），一个来自柏鲁克学院，另一来自曼彻斯特大学。1982年，他们发表在《伦敦数学学会快报》（*Bulletin of the London Math Society*）上的一篇论文证实了两件事情：第一，赫拉克勒斯总是会打败九头蛇怪；第二，现有的数学定理无法证明这一结论。事实上，还有一个更加令人震惊的实情：

第十章中提到的九头蛇怪在被砍头后的第二轮中又新长出了两个分支，第三轮时是三个分支，以此类推。它有一个更加凶猛的表亲，它在被砍掉脑袋后的第二轮中又长出了 2^2（也就是 4）个分支，第三轮中是 3^{3^3}（也就是 19683），到第四轮的时候是 4^{4^4}（也就是 340282366920938463463374607431768211456），如此以此类推下去。然而就算是对抗这个凶残的表亲，不管赫拉克勒斯有多笨，他还是一定会赢。这个例子也是一样，它是真的但却无法证明。对于更加凶猛的九头蛇怪也是如此——实际上，对任何可以用语言描述的九头蛇怪都一样。

第十三章　证据的规则

来自伯克利大学的爱德华·米格尔（Edward Miguel）教授及纽约大学的夏克尔·塞提纳斯（Shanker Satyanath）教授和欧内斯特·瑟金提（Ernest Sergenti）教授曾对经济困难时期和国内动乱做过相关研究。2008 年，他们的论文发表在《政治经济学杂志》（*Journal of Political Economy*）上。

对于学历和犯罪率之间的因果关系，请参考兰斯·劳克莱（Lance Lochner）的论文“教育、工作和犯罪（“Education, Work and Crime”）”（2004 年，发表于《国际经济评论》（*International Economic*

Review)），或者是劳克莱和恩里科·莫雷蒂（Enrico Moretti）的这篇《教育对犯罪产生的影响》（"The Effect of Education on Crime"），同年发表于《美国经济评论》（*American Economic Review*）。

戈登·C. 史密斯（Gordon C. Smith）和吉尔·P. 佩尔（Jill P. Pell）发表在《英国医学杂志》（*British Medical Journal*）的文章回顾了这一证据：降落伞可以挽救生命，同时总结道，对于盲目迷恋对照实验的医学界，这无法达到他们的标准。

第十四章　知识的界限

聪明的读者会很快发现我在阐述的时候作弊了，我把电子的空间状态画成了一个一维的圆圈，而不是一个二维的球面；我相信这些读者能明白在这一转换过程中并不会漏掉什么重要内容。

然而，这些读者也许会心生疑惑：电子在"左"和"右"这两个点之间最后如何把一个半圆分开，而不是人们所期待的四分之一圆周。答案是（只有那些可能会提出这个问题的人才能理解）那个圆并不是一个单位圆S_1，而是一个真实的投射空间P_1；我们已经确定了这个圆的对应点。

第十六章　辨别是非

电车难题多多少少跟英国哲学家菲莉帕·傅特（Philippa Foot）在她那本《善与恶》（*Virtues and Vices*）中提出的道德困境一样。傅特教授用这些情节来说明有关堕胎问题引起的的争议，但是我（还有其他学者）却用这些例子来阐明道义论哲学和结果主义哲学之间的区别。有关对道义论哲学（尤其是在衡量“对个体权利的尊重”以及道德极限中的体现）和结果主义哲学之间的权衡决策，大卫·弗里德曼（David Friedman）在他的经典之作《自由体制》（*The Machinery of Freedom*）中给出了生动、深度的探讨。

第十七章　经济学家的黄金准则

我的一个朋友大卫·勒文总是竭力让我保持诚实的态度，这有时反而吃力不讨好。他坚持认为我在上一章中的电车问题上采取了一种过于突出的形式来衡量经济学家的黄金准则。为了满足大卫的意愿，让我们再来看看下面这个问题：

电车问题之黄金版。一辆电车疾驰在轨道上，这时有上百个孤儿正在附近寻找残羹剩饭，电车马上就要撞到其中一个孩子身上。而这时一个有钱人只需要把他那块价值30万美元的金手表扔到电车前就能避免这场灾难，那么他有义务要这么做吗？

答案：这很难说。那块手表的另一种用途可以是卖掉它，然后给每个孤儿发3000美元。如果放在昨天你去问他们——每人3000美元，还是有钱人给的一个保证：如果面临被电车冲撞的危险，他会站出来拯救他们，那这些孤儿自己会更青睐哪个选项呢？

经济学家的黄金准则至少说明了这一点：如果你打算花30万美元来帮助孤儿，那么你应该按照孤儿们更喜欢的方式来处理这一笔钱。因此，如果我们假设孤儿们更乐意收到现金，并且假如我们认为这个有钱人并没有什么义务来自己掏腰包，那么我们可以得出的结论就是这个有钱人没有义务去阻止那辆电车。

这个结论令人震惊，但它在道德上是讲得通的；这个结论是通过实质性的道德推理而不是盲目计算得出来的。如果这个富人昨天不想强迫自己给每个孤儿发3000美元，那么为什么今天他就应该强迫自己去花掉这在孤儿心目中并不值当的30万美元呢？

也许你的答案是：事实上，这个富人自始至终都应该为孤儿花掉那些钱。如果这就是你的看法的话，经济学家的黄金准则也赞同；在关于我们应该捐多少钱这个问题上它并没有什么说法。也就是说，如果你想知道我们到底应该捐多少钱的话，那么你需要给经济学家的黄金准则做个补充，附加上一条道德准则。经济学家的黄金准则从不会宣称自身是道德的最高要义。

还有一点也值得我们铭记，那就是我们一直在牺牲穷人的生命来满足富人的奢侈。没有护栏的公路可能会引发死亡，而且随着时间的流逝，实际上一定会有人丧命于此。我们可以通过向富人征税来修筑护栏从而避免这些死亡。然而我们却选择不这么做。穷人还是照常死亡，富人则继续过着奢靡的生活。

也许我们从一开始就绝不该允许出现这样的收入差距。但事实上我们却允许这样的事情发生了，而这似乎也没有妨碍到我们，至少不会像这个电车问题一样困扰到我们。

因此，也许上述演练得出的寓意是我不该对社会上产生的收入差距如此沾沾自喜。或者有可能是我应该为听任孤儿们死在电车轨道上而更加得意。和大卫一样，我也不会做出后一个选择，而是选择拯救孤儿。但是，我觉得和大卫相比，我更愿意赞同这样一种可能，即我们做出那样的选择是因为电车问题的演练是想让我学到点什么。

第二十一章 让犹太拉比来切分这块大饼

奥曼（Aumann）/ 马希勒（Maschler）定理于 1985 年发表在《经济理论杂志》（*Journal of Economic Theory*）。

第二十二章　如何思考

弗农·史密斯（Vernon Smith）和他的同事詹姆斯·考克斯（James Cox）所做的一系列实验发表在考克斯所在的亚利桑那大学的工作报告中，题目是《互惠经济学》（“On the Economics of Reciprocity”）

用餐巾纸背面演算估量出被比喻成保险的社会福利体系的合理规模，这件事情出自我以前的同事詹姆斯·卡恩（James Kahn）和雨果·霍本哈因（Hugo Hopenhayn）；秉承这一理念（但更多着眼于设计社会税收而不是社会福利体系），詹姆斯·莫里斯教授（James Mirrlees）进行了更为精细的计算，并因此获得了诺贝尔经济学奖。

在2007年的哈佛大学工作报告中，葛来格·曼昆（Greg Mankiw）和马修·温齐尔（Mattew Weinzierl）对最优身高税进行了探索。

在“成本不等于原罪”那一部分，我讲到在演化过程中，人类丢失了可以驱使人们进行判定、谴责和惩治那些我们定义为“坏家伙”的人的历史遗产，对此，我深表痛惜。哲学家大卫·利文斯通·史密斯（David Livingstone Smith）强调（我确定完全正确）把人类的战争史（更广泛的说法是暴力史）放在上述演化过程中才能得到最透彻的解读，关于这一点，他在自己的杰作《最危险的动物》（*The Most Dangerous Animal*）一书中做了一段引人入胜的阐述。这本书正是对生物学、历史学、社会学和哲学的完美融合。我一直认为在解释我们制定的排外的贸易和移民政策时，进化生物学会帮上大忙；而史密斯的研究成果使我相信这一点也同样适用于阐释国防和外交政策。

有关工作和休闲时间分配的数据来自一篇名为《测量休闲趋势：近50年的时间分配》（"Measuring Trends in Leisure: The Allocation of Time over Five Decades"）的论文。文章的作者是马克·阿吉亚尔（Mark Aguiar）和埃里克·赫斯特（Erik Hurst）。你还可以参考他们写的书《休闲不平等的加剧：1965-2005》（*The Increase in Leisure Inequality*）。

第二十三章　学什么
——给大学生的一些建议

登陆尼尔斯埃里克·萨林（Nils-Eric Sahlin）教授的网站www.fil.lu.se/sahlin/ramsey或者读一读他的著作《拉姆齐的哲学》（*The Philosophy of F. P. Ramsey*），你就能更多地了解拉姆齐的哲学作品。

想要知道更多的答案吗？有什么想法想要分享吗？登陆www.the-big-questions.com加入我们的讨论吧。

The Big Questions
致 谢

我和本书的读者都要大力感谢我的许多朋友和同事，他们给我提了很多批评意见，对本书内容有多处点评，并给了我无限的鼓励。我尤其要感谢以下这些人：马克·阿吉亚尔（Mark Aguiar），马克·比尔斯（Mark Bils），克里斯蒂·博尔奇（Christy Birtcher），伊丽莎白·博斯基（Elizabeth Boskey），凯瑟琳·坎贝尔·柯柏勒（Kathryn Campbell-Kibler），布莱恩·卡普兰（Bryan Caplan），凯特·查尔斯（Kate Charles），芭芭拉·法拉鲍（Barbara Farabaugh），丹·格雷森（Dan Grayson），大卫·格雷森（David Grayson），保罗·格雷森（Paul Grayson），罗宾·汉森（Robin Hanson），班尼特·哈斯尔顿（Bennett Haselton），詹姆斯·A. 卡恩（James A. Kahn），戴维莱文（David I. Levine），亚伦·曼德尔（Aaron Mandel），迪·麦克洛斯基（Dee McCloskey），大卫·默民（David Mermin），罗曼·潘克斯（Romans Pancs），杰

西·雷蒙德（Jesse Raymond），迈克尔·里索（Michael Rizzo），大卫·利文斯通·史密斯（David Livingstone Smith），艾伦·托克曼（Alan Stockman），亚历克斯·塔巴洛克（Alex Tabarrok），艾丽斯·托尔曼（Ellis Tallman），丽萨·塔佩（Lisa Talpey），罗纳德·谭思奇（Ronald Tansky），伽柏·维拉格（Gabor Virag），迈克尔·沃尔科夫（Michael Wolkoff）。我还要感谢我的母亲。如果这里有所疏漏，我会深感自责。

再次感谢罗森伯格夫人。

最近我突然想到，一路走来，这是一段多么奇妙的旅程。

——感恩而死乐队（The Grateful Dead）